家是夕阳下的依偎，是风雨中的搀扶，是情感里的苗圃，是爱心的归宿，是人生旅途的温馨驿站，是我们幸福生活的港湾，是我们的荣耀，也是我们共同的责任和义务。建设和谐美好的家，我们真得需要她！

家和万事兴

世间因和谐而美好，家庭因和谐而幸福。

现代和谐家庭创建指南

人谐千般好，夫好妻好个个好；
家和万事兴，家兴业兴事事兴。

向亚云　张　照◎著

中国言实出版社

图书在版编目(CIP)数据

　　家和万事兴:现代和谐家庭创建指南/向亚云,张照著. — 北京:中国
言实出版社,2013.2
　　ISBN 978-7-5171-0086-7

　　Ⅰ. ①家… Ⅱ. ①向…②张… Ⅲ. ①家庭关系—通
俗读物 Ⅳ.①C913.11-49

　　中国版本图书馆 CIP 数据核字(2013)第 028694 号

责任编辑:李　生　孙法平

出版发行	中国言实出版社
	地　址:北京市朝阳区北苑路 180 号加利大厦 5 号楼 105 室
	邮　编:100101
	电　话:64966714(发行部)　51147960(邮　购)
	64924853(总编室)　56423695(编辑部)
	网　址:www.zgyscbs.cn
	E-mail:zgyscbs@263.net
经　销	新华书店
印　刷	北京市德美印刷厂
版　次	2015 年 2 月第 1 版　2015 年 2 月第 1 次印刷
规　格	710 毫米×1000 毫米　1/16　13.75 印张
字　数	201 千字
定　价	32.00 元　ISBN 978-7-5171-0086-7

　　"和谐"自古以来一直是人们所关心的重要话题。中共十六届四中全会首次完整地提出构建社会主义和谐社会的理念,后来经过了中共十六届六中全会和十七大的完善,已成为一套指导当前社会建设的重要理论体系。其中,"和谐家庭"是构建和谐社会在家庭领域的集中体现,是构建和谐社会的重要组成部分。

　　家庭是构成社会的最小细胞。有统计资料表明:至 2010 年上半年,我国已有 3.74 亿个家庭。正如孟子所讲,"天下之本在国,国之本在家",家庭是否和谐,关系到每个人的幸福、每个家庭的稳定,进而关系到整个社会的健康、稳定。从这个意义上说,和谐社会需要和谐家庭,和谐社会的构建首先应从创建和谐家庭开始。

　　所谓现代和谐家庭,应该是以家庭成员的全面发展为基础,家庭成员之间、家庭与社会之间、家庭与自然之间相互和谐发展的新型文明家庭模式。

　　家庭成员之间的和谐是家庭和谐的重要基础。每个人都离不开家庭,只有不断地提高家庭成员的思想道德素质、文化素质和身心健康素质,才能在家庭生活中营造和谐的夫妻关系、婆媳关系、亲子关系等。

　　家庭与社会的和谐是家庭健康发展的必要环境。只有大力倡导和建设公平正义、诚信友爱的社会风尚,团结互助、融洽相处的邻里关系,整洁舒适、安居乐业的生活环境,才能营造家庭与社会的和谐关系。

　　家庭与自然的和谐是家庭持久发展的保证。只有强化家庭节约意识、环保意识,使家庭自觉融入资源节约型、环境友好型、身心健康型的社会建设实践,才能营造良好的家庭与自然之间的和谐关系。

　　构建社会主义和谐社会是我国全面建设小康社会的重要内容之一,是落实科学发展观的具体体现,建设和谐社会不仅是政府的任务也是每个家庭的责任。因此，建设和谐社会必须从家庭抓起，而创建现代和谐的家庭应该是以情爱为连接纽带，以家庭成员的全面发展和普遍幸福为责任目标，以营造积极向上的家庭价值取向、平等自由的家庭关系、民主宽容的家庭氛围、科学健康的生活方式为主要内容。

"家和万事兴"。当一个家庭的所有成员有着共同的高品位观念、情感、情绪、欲求、目标、态度时，这个家庭的人际关系就会非常融洽，家庭生活就会非常的幸福，家庭教育方法也会很得当，家庭保健相对适宜。由于大家心目中对家庭有共同的评价，在情感体验上往往比个人优越，从中体味到家庭温暖，从而就更会体现出家族的共有心境和心态格调，更加珍惜家庭的和谐，做起事来就会更加用心、用力，如此一来就会形成一个良性循环，这个家哪有不兴旺的道理。

和能兴家，同样的道理，和能兴业，和能兴邦，和能增长国民志气，和能凝聚国家无坚不摧的力量。

当前，我国正处于全面建设小康社会的伟大进程中，人与人、人与社会、部门与部门、地区与地区之间的关系都发生了许多新变化，也出现了一些新的矛盾。这些新的变化让我们每一位中华儿女，更应当牢记"家和万事兴"的格言，努力创建和谐家庭，用家庭成员之间的和谐促进社会人际关系的和谐，用邻里之间的和谐促进社群、村居的和谐，用家庭与环境的和谐促进社会与自然的和谐，以实际行动努力构建和谐社会的新关系、新秩序，塑造健康有序的新型人际关系，达成整个社会的团结与共识，为中华民族的伟大复兴而贡献力量。

创建现代和谐家庭的内涵非常丰富，涉及个人和社会的方方面面，从小的方面讲是为个人幸福而努力，从大的方面讲是为构建社会主义和谐社会做贡献，最终途径还是需要个人用实际行动去实践。本书围绕创建和谐家庭的各个要素，充分阐述了如何创建和谐家庭的思路和方法，具有明显的思想内涵和可操作性，希望对广大读者有所启发和借鉴。

目　录

Contents

第一章　和谐家庭:和谐社会的奠基石

　　和谐家庭是和谐社会建设的重要组成部分。家庭是社会的细胞,是构成社会的有机组成部分,其面貌、家庭关系的状况等都会直接影响到社会的面貌。家庭是否和谐及其和谐的程度,乃是衡量社会是否和谐及其和谐程度的一个极为重要的标准。没有家庭的和谐,社会的和谐就是片面的、不完善的。

第二章　夫妻恩爱:和谐家庭的主旋律

　　婚姻是维系和谐温暖家庭的纽带。夫妻间的理解、包容和恩爱,是家庭和谐的主旋律。夫妻恩爱不但有助于婚姻关系的调和,增进夫妻感情,更可作为子女们的典范,让他们学习如何建立健康和紧密的人际关系。家和万事兴,无尽的夫妻恩爱将给对方和整个家庭无尽的动力和欢乐。

1

第三章　孝亲敬上：和谐家庭的必修课

百善孝为先。父母是天下最善良的人，他们含辛茹苦地生我、养我、育我、我们穷其一生也无法报答父母的恩德。然而，随着人们生活方式和思维的改变，孝敬父母变成了一件难事，婆媳关系更是成为现代家庭和谐的障碍，要想家庭温馨顺遂，如何孝敬夫妻双方的父母则是家庭必修课。

第四章　爱子慈孙：和谐家庭的福德地

一个家庭是否和睦，子孙是否兴旺，与堂上老人的福德有着直接的关系。古话说得好："上慈下才孝。"对于老人来说，不管子女孝不孝，先看自己慈不慈。老人能爱子慈孙，贤德温厚，多行善事，知足常乐，宣扬家风，调和是非，充分发挥自己的余热，不仅能让自己幸福地颐养天年，而且能为家庭多积福德。

第五章　教子有方:和谐家庭的智慧学

儿女是家庭的未来,和谐家庭则是儿女身心健康成长的摇篮。现代家庭对孩子的教育往往会出现两种情况:太过严厉或者过于溺爱。两者都不可取,太过严厉欲速则不达,过于溺爱儿女难以成才,最终都将影响家庭的和谐。好父母胜过好老师,准确把握儿女教育,是创建和谐家庭的智慧学。

第六章　睦邻有道:和谐家庭的交响曲

一个开放的家庭才是一个兴旺发达的家庭。除了家庭内部关系外,搞好亲戚朋友间的关系也是十分重要的。家庭是社会的一部分,哪家都会有个大事小情的,亲朋间的和睦相处有利于家庭和谐。"积爱成福,积怨则祸。"我们要永怀感恩之心,善待身边的每一位亲朋好友,携手共建和谐家庭。

第七章 用心经营：和谐家庭的平衡木

创建和谐家庭需要善于经营。在如今的这个物质时代，家庭的和谐不仅需要感情的维系，而且还需要金钱的平衡。每个人都要扮好自己在家庭中的不同角色，巧妙化解家庭成员之间的冲突，用心经营幸福；每个人都要学会理财这门大学问，正确把握家庭理财的方向，开心经营财富。

第八章 平安健康：和谐家庭的欢乐源

和谐的家庭应该是平安的家庭、健康的家庭。平安是家庭完整性的保证，健康是家庭快乐的基础，缺乏平安健康的家庭，只会陷入痛苦。因此，家庭成员不仅要保证自己的平安健康，还要全力保障整个家庭的平安健康，要知道，家庭成员的一切欢乐，都源自家人的平平安安、健健康康。

附　录

第一章

和谐家庭：和谐社会的奠基石

　　和谐家庭是和谐社会建设的重要组成部分。家庭是社会的细胞，是构成社会的有机组成部分，其面貌、家庭关系的状况等都会直接影响到社会的面貌。家庭是否和谐及其和谐的程度，乃是衡量社会是否和谐及其和谐程度的一个极为重要的标准。没有家庭的和谐，社会的和谐就是片面的、不完善的。

1.

和谐家庭是和谐社会建设的重要组成部分

　　2004年,党的十六届四中全会明确了"和谐社会"的概念,提出了构建社会主义和谐社会的战略任务。《中共中央关于构建社会主义和谐社会若干重大问题的决定》要求,"广泛开展和谐创建活动,形成人人促进和谐的局面",强调要把和谐家庭等创建活动同群众性精神文明创建活动结合起来,突出思想教育内涵,广泛吸引群众参与,推动形成我为人人、人人为我的社会氛围。

　　在致力于构建一个民主法治、公平正义、诚信友爱、充满活力、安定有序、人与自然和谐相处的和谐社会的当代中国,现代和谐家庭的创建显得尤为必要和迫切。

　　家庭是社会的细胞,是以婚姻关系为基础、以血缘关系和共同生活为纽带所组成的亲属团体和社会单位,是人们社会生活的重要组织形式。它是人类社会发展到一定阶段的产物,是被物质资料的生产方式决定的,人类的两性和血缘关系借以建立、赖以确定的社会关系。

　　婚姻家庭是个人过群体生活的一种最普遍、最固定和最持久的组织形式,也是人类存在和发展的基础和条件。因此,家庭的发展趋势应当是健康与和谐的。

　　家庭和谐也是人类一直追求的目标。理想中的家庭应当如此:家庭成员之间和睦相处,达到家庭人际关系的充分和谐;家庭中人和资源合理利用,达到人和物、人和自然的和谐;正确处理好家庭中的矛盾,心情舒畅地在家庭中生活,达到自身的和谐发展。

　　中华民族自古就有重视家庭和谐的优良传统。孟子说过:"天下之本在国,国之本在家。"深刻地道出了家庭与社会之间的紧密联系。儒家把"修身、齐家"看作"治国、平天下"的基础,"一室之不治,何以天下为"。

国际社会更是从人的全面发展的高度,将家庭和谐发展纳入了国际人发大会《行动纲领》和联合国千年发展目标,揭示了家庭在社会发展中的重要的地位。联合国前秘书长加利先生在首个"国际家庭日"发表的纪念文告中就曾强调:"家庭作为最活跃的社会细胞,把个人与社会联系在一起。它必须适应全球的迅速变化。这些变化影响是深远的,它不仅影响人类的物质生活条件,还影响人类的价值观和信仰。家庭一向对人类十分重要,它是人们进行经济活动、遮风避雨、赡养老小的基础,这些功能将继续存在,并随着物质的进步更加丰富。"

由此可见,家是缩小了的国,国是扩大了的家,家庭利益与国家利益密不可分。家庭与社会是息息相关的,每个家庭都健康和谐了,整个社会必然会健康和谐。反之,如果构成社会大系统的最小单元——家庭出现了问题,那么整个社会的不和谐现象就会得以彰显。

我国所提倡的构建社会主义和谐社会是一个积累式的发展过程,又是一个庞大的社会系统工程,要求的是人与社会的和谐、人与自然的和谐、人自身的和谐,尽管和谐家庭只表现为家庭内部关系的和谐程度,但是家庭体现的仍是人与人的和谐、人与物的和谐、人自身的和谐。从这一层面来说,创建和谐家庭与构建和谐社会是相互联系、相互渗透的,家庭和谐是社会和谐的重要组成部分。

随着我国经济成分、组织形式、就业方式、利益关系和分配方式以及社会价值观念等社会环境方面的变化,许多家庭中也产生了诸如男女不平等、婚外恋、家庭暴力、家庭犯罪、离婚等不和谐的严重问题,这些问题都直接或间接地带来了严重的社会问题,妨碍着社会主义和谐社会战略目标的实现。

反之,和谐的家庭关系、良好的婚姻状况等,都直接影响到社会的形象。和谐的家庭能够培养、造就出具有高素质,尤其是道德素质较高的社会成员,从根本意义上来看,无论家庭或社会都是由具体的人构成的,家庭是否和谐,是由人决定的,社会是否和谐,最终也是由人决定的,而人的综合素质的状况,是决定家庭和谐与社会和谐的根本因素。因此,良好的婚姻家庭伦理有助于构成和谐社会的道德基础。

中国老百姓有一句口头禅："小河有水，大河不干。"的确是这样的，国家与家庭的关系是水乳交融的关系。家庭是否和谐及其和谐的程度，是衡量社会是否和谐及其和谐程度的一个标尺。没有家庭的和谐，社会的和谐就是片面的、不完善的。

要构建和谐社会，必须正确认识和处理家庭与社会之间的关系，要通过法制建设、道德教育、思想文化建设凝聚人心，为社会和谐构筑精神支柱。同时，还需要全社会的共同努力，只有每个公民的文明程度提高了，每个家庭和家庭与邻里之间和睦相处，和谐社会才能早日实现。

2.

和谐家庭是社会稳定与发展的重要内容

没有家庭的和谐，就没有社会的稳定和发展。

统计资料表明：至 2010 年上半年，我国已有 3.74 亿个家庭。"家和万事兴，家齐国安宁"，家庭是否和谐，关系到每个人的幸福，关系到每个家庭的稳定和积极性的充分发挥，进而关系到整个社会的健康、稳定、发展。和谐社会需要和谐家庭，社会的稳定和发展首先应从营造和谐家庭开始。

和谐的家庭大体上是相同的——尊老爱幼、男女平等、夫妻和睦、勤俭持家、邻里团结，家庭和谐可以化解家庭的内部矛盾，避免将其家庭矛盾激化和推向社会，成为社会不稳定的因素。家庭和谐还可以使得家庭成员在家庭生活中缓解社会压力、疏导社会矛盾，避免某些社会矛盾进一步激化。

不和谐的家庭却各有各的不幸：夫妻离异、婚外恋等现象有上升的趋势；遗弃老人、虐待孩子，甚至家庭暴力的悲剧时有发生；家庭成员的义务感、责任感有所淡化；邻里关系趋向冷淡和陌生，等等。过去既有的和新时期家庭伦理道德出现的新问题,为一些家庭蒙上了阴影,也给社会稳定带来不可忽视的严重危害。

以青少年犯罪为例,从犯罪学的角度看,青少年的犯罪都与其家庭环境有着极其密切的关系,即与家庭结构、家庭教育、家庭气氛、家庭成员等密切相关。

> 案例 1:小雨(化名),11 岁时父母离异,跟随父亲生活,父亲脾气不好,遇到不顺心的事就拿他出气。由于缺少家庭爱抚和管教,他逐渐对社会产生怨恨,养成了桀骜不驯的性格,经常顶撞教师,和同学打架,最后发展到结伙斗殴致人重伤,走上犯罪的道路。

> 案例 2:小峰(化名),本来是一个很老实的孩子,但是其父亲平时游手好闲,行为放纵,经常打牌赌博,甚至当着孩子的面在家聚众赌博、毫不躲避,久而久之,孩子的学习受到很大的影响,性格也有所改变,并开始学着父亲赌博。后来,父亲因盗窃被判刑,小峰放任自流,结果被坏人引诱,持刀抢劫,走上犯罪的道路。

> 案例 3:小芳(化名),独生女,家境并不宽裕,但是父母在吃喝花销上尽可能地满足她,可以说她是在父母的溺爱下长大的。随着年龄的增长,小芳的虚荣心越来越强,开始嫌弃父母的无能,为了满足自己的物质需求,她开始盗窃,最终被人发现,因盗窃被判处缓刑。糊涂的父母并没有反省自己教育上的失误,反而让她辍学在家,依旧宠爱有加。结果,小芳又因盗窃走上犯罪之路。

父母是孩子的第一任老师,家庭是人生的第一个课堂,家庭教育的缺陷是子女形成不良个性的基础。从以上三个案例我们可以看出,最终导致孩子犯罪的主要原因:一是父母文化程度不高,不会管,出了问题,往往棍棒相加,缺乏耐心细致的说服教育;二是子女长期养成的不良习性,父母管不了,因为没有从早期教育入手、管得晚了;三是父母对子女丧失信心,不愿管,顺其自然,放任自流;四是父母离异后,孩子无人管,为了自己而不顾及或无暇顾及孩子,使之浪迹社会;五是父母自身行为不端,直接影响孩子,使之效仿父母。

正如古人所言:"养不教,父之过。"问题家庭出问题少年,这些问题少年最终给家庭和社会带来了巨大的伤害。可见,家庭的和谐同社会的和谐是息息相关的。

一个不和谐的家庭会对社会埋下不安定的因素,最终影响社会的稳定。同样的道理,一个和谐的家庭能够推动整个社会的和谐,最终推动社会的发展。

对于社会发展,恩格斯有一个伟大的发现,他发现社会活动是由无数个有目的、有动机的个人的活动构成的,而且这些目的和动机常常是相互冲突的。正是这些相互冲突的动机、目的,按照力的平行四边形原理最后形成了一个合力,这个合力就是社会发展的动力。

自古以来,无数的个人、社会组织,怀着各自的动机和目的从事着各式各样的活动,甚至是相互冲突的活动,这些活动最后都按照力的平行四边形的原理形成一个合力。我们家庭的活动,家庭的追求就是这些众多活动中的重要活动。

创建和谐家庭对社会发展的巨大作用。和谐的家庭有利于传承家族的优良品质,而这些品质最终将转化成对社会的贡献。

在古代山西闻喜县有一个姓裴的家族,崇尚当官,因此这个家庭官多、宰相多,据有关资料记载,裴氏一门共产生宰相59人,将军、尚书、御史200多人。近代学者梁启超认为,为官是非多,要求子女从学。所以,他的后代多为专家。梁启超共有9个孩子,其中有著名的建筑学家、考古学家、图书馆学家、火箭控制系统专家。

我们可以将家庭看成一所特殊的学校,这是一所对其家庭成员进行终身教育的学校,每一个人都在家庭中出生,在家庭里成长,人在家庭中受到最基本的道德素质教育和道德塑造。学习、工作都是为了家庭,并受到家庭的影响。家庭风气好,关系和谐的时候,个人的工作效率高,作风正,个人就容易取得成就;当家庭风气败坏,关系糟糕的时候,工作效率低,作风差,个人就没有什么前途可言。由此可见,家庭对个人和社会的影响是深远的,创建和谐家庭也是社会稳定和发展的重要内容。

《礼记·大学》中记载:"家齐而后国治。"意思是说家庭和谐了才能治理好国家。因此，创建一个和谐、美满的家庭，是我们每个人一生中的家庭任务和社会责任。

3.

家和万事兴

"老祖宗留下一句话，家和万事兴万事兴，妻贤夫兴旺，母慈儿孝敬，众人拾柴火焰高，十指抱拳礼千斤；老百姓流传一句话，国安享太平享太平，国强民才富，民富国安定，大河涨水小河满，众人栽树树成林。老百姓啊就认这个理，家和万事兴万事兴……"

一曲《家和万事兴》道出了千千万万中国老百姓的心里话。"家和万事兴"这么一句话，不仅是中国人民的智慧总结，更多的是千万家庭的美好夙愿，甚至成了多少老人的遗愿。

英国哲学家休谟说过："一切人类努力的伟大目标在于获得幸福。"个人的追求各有千秋，人类的奋斗永无停息，其终极目的都是幸福快乐。和谐社会是让人们感到幸福的社会，家庭和谐是幸福的主要指标。

重视自己的家庭快乐幸福，期待从家庭中得到快乐幸福，是人类普遍的追求。1999年，美国著名的盖洛普公司进行了有史以来规模最大的关于"生活中最重要的是什么"的一次民意调查，60个国家的5.7万名成人参加，结果世界各地的人民都认为，身体健康和家庭和谐幸福比其他任何东西都更为宝贵。

家庭是否和谐，关系到每个家庭成员的幸福，关系到每个家庭的稳定和积极功能的充分发挥，进而关系到整个社会的健康、稳定。

随着大众传播手段的日趋社会化、多功能化，家庭封闭性也会被打破，从而也会出现家庭的新变化。这就需要家庭不断地注入新的东西，以适应社会、家庭新的发展变化的需要。不能等到家庭要崩溃了、瓦解了才去弥补，那就为时太晚了。不妨在提高家庭质量方面，经常地做好不起眼的"小事"，可以经常组织一些家庭活动，在共同的活动中，相互联系，促进关系，互相理解又能互相制约，最后形成共有的家庭心理。

如此一来，家人就能在一起分享各种成功，在一起享受天伦之乐。当一个家庭的所有成员有着共同的高品位观念、情感、情绪、欲求、目标、态度时，这个家庭的人际关系就会非常的融洽，家庭生活就会非常的幸福，家庭教育方法也会很得当，家庭保健相对适宜。由于大家心目中有对家庭的共同评价，因而在情感体验上往往比个人优越，从中体味家庭温暖，从而就更会体现出家族的共有心境和心态的格调，更加珍惜家庭的和谐，做起事来就会更加用心、用力，如此一来就会形成一个良性的循环，这个家哪有不兴旺的道理。

"君子和而不同，小人同而不和"。"和"的可贵之处，不仅在家庭，更在社会。

在河北省南和县北关村，有一块黑板报，上面写着评比五星级家庭的标准：父子骨肉情深，夫妻相敬如宾；兄弟情同手足，妯娌亲如姐妹；姑嫂十指相连，婆媳胜过母女。据报道，这个村每年都组织妇女集体晒被子，比赛包饺子、擀面条。村党委书记说，不孝敬公婆的人，老人的被子就脏兮兮的，而孝敬老人的和睦家庭，被子自然干干净净。

北关村村民上下齐心，共同努力，依托地理优势，不仅发展集体经济，还办起了企业，全村水通、路通、电通、暖气通，实现了建设一片，绿化一片，硬化一片，美化一片的"四化"目标。如今村民人均收入近万元，还被河北省村镇经济发展促进会评为"河北省新农村建设十大名村"。

同时，该村还组建了航宇文工团、成立了老年秧歌队、红白理事会、道德评议会、组织全民赛诗会等，并实行干部人身保险、职工退休金、党龄补贴制、优抚济贫制，使该村村民老有所养、退有所医，社会秩序安定、村风文明礼仪、群众生活富裕、家家安居乐业。

如今漫步北关，时时都有暗花送香、欢歌笑语，处处都洋溢着富裕、文明、和谐的美好景象。

"家和万事兴"倡导的是团结,小至家庭,大到国家,团结与否至关重要。北关村的事例很好地说明了"家和家兴,村和村兴"的道理。

同样的道理,国家能和,再强的敌人也不敢轻易地欺侮。看古今多少事,因和而胜,因不合而败。勾践卧薪尝胆十年,博得全国上下父勉其子,妻勉其夫,愿为君为国而战,终赢得"三千越甲可吞吴"的美谈。廉颇因蔺相如一下子爬到自己头上很不服,扬言遇到他就要羞辱他,蔺相如因此总避开他,当廉颇得知蔺相如为了避免两人分裂让别国乘虚而入而避他时,廉颇"负荆请罪",实现了"将相和"。

和能兴家,和能兴业,和能兴邦,和能增长国民志气,和能凝聚国家无坚不摧的力量。

当前,我国正处于全面建设小康社会的伟大进程中,人与人、人与社会、部门与部门、地区与地区之间的关系都比以往发生了许多新变化,也出现了一些新的矛盾。所以,我们每一位中华儿女,都应当牢记"家和万事兴"的格言,努力创建和谐家庭,用家庭成员之间的和谐促进社会人际关系的和谐,用邻里之间的和谐促进社群、村居的和谐,用家庭与环境的和谐促进社会与自然的和谐,以实际行动努力构建和谐社会的新关系、新秩序,塑造健康有序的新型人际关系,达成整个社会的团结与共识,为中华民族的伟大复兴而贡献力量。

4.

创建现代和谐家庭的主要内容

现代和谐家庭是以家庭成员的全面发展为基础,家庭成员之间、家庭与社会之间、家庭与自然之间相互和谐、良性互动的新型家庭模式。

家庭成员之间的和谐是家庭和谐的重要基础,只有不断提高家庭成员的思想道德素质、文化素质和身心健康素质，才能在家庭生活中营造和谐的夫妻关系、婆媳关系、亲子关系。

家庭与社会的和谐是家庭健康发展的必要环境，只有大力倡导和建设公平正义、诚信友爱的社会风尚，团结互助、融洽相处的邻里关系，整洁舒适、安居乐业的生活环境，才能营造家庭与社会的和谐关系。

家庭与自然的和谐是家庭持久发展的保证，只有强化家庭节约意识、环保意识，使家庭自觉融入资源节约型、环境友好型社会的建设实践，才能营造家庭与自然的和谐关系。

构建社会主义和谐社会是我国全面建设小康社会的重要内容之一，是落实科学发展观的具体体现，建设和谐社会不仅是政府的任务也是每个家庭的责任。建设和谐社会必须从家庭抓起，创建和谐的家庭应该是以情爱为连接纽带，以家庭成员的全面发展和普遍幸福为责任目标，以营造积极向上的家庭价值取向、平等自由的家庭关系、民主宽容的家庭氛围、科学健康的生活方式为主要内容。

第一，和谐的家庭是充满情爱的家庭。

一个和谐的家庭，首先是一个充满情爱的家庭，家庭与其他社会组织最根本的区别，就是家庭建立在两性爱情与血缘亲情的基础之上，家庭的维系是靠情感的互相渗透与融合来实现的，情爱是家庭的根本性凝聚力。

夫妻感情是维系现代和谐家庭的灵魂，是婚姻美满家庭幸福的必要条件。英国研究人员的一项调查表明，婚姻恋爱带来的快乐等于每年多挣 13.65 万英镑。但是，现实的婚姻往往受到非感情因素的制约，时间久了，爱情也会降温或失色，矛盾和冲突更会使爱情萎缩或消逝。这就需要家庭继续培养爱情的沃土，滋养爱情，让它永远保持新鲜度。

家庭成员之间的亲情是维系现代和谐家庭的基础。现代家庭是开放性的，家庭成员之间相互亲近、依恋、关注、牵挂和奉献的诚挚情感的互相渗透与融合，必将超越"门户之见"，成为与邻居、社区、社会建立良好关系的重要精神渠道。

支撑家庭与社会的是爱，没有爱，和谐家庭将不会存在；没有爱，和谐社会将难以实现。

第二，和谐的家庭人际关系是平等的。

平等关乎人的尊严，平等是实现和谐的基础。

在和谐的家庭中，各家庭成员之间处于同等地位，享有同等权利，相应承担同等义务。以一方的意志为主导的支配与被支配的关系，或占有与被占有关系，或主人与仆人的关系，这都不是现代社会家庭和谐的含义。

夫妻平等，是处理好家庭关系的关键。夫妻平等包括：男女性别平等、权利义务平等、平等参与，共同受益，共同发展。

总之，要用平等、无歧视的原则善待每一个家庭成员。

第三，和谐的家庭拥有民主的氛围。

良好的民主意识是和谐家庭的基础。每一个家庭成员要相互尊重，要给每一个人表现自己才能的机会，要营造一种能够让每一个人都能够畅所欲言的家庭环境，在家庭里形成民主协商的氛围。

特别需要注意的是家庭的民主建设问题，现代很多家庭往往忽视了孩子的民主权利，这一点必须改正。在亲子关系上，父母的语言应该体现民主精神，多一些建议、商量，少一些命令、支配；多一些鼓励、赞赏，少一些训斥、惩罚。这是培养孩子独立人格，培养自主性和首创精神的必要条件。

家庭成员各自在民主的氛围下，尊重彼此的独立性、自主性，按照个人的个性、情趣、爱好，以自己喜爱的方式去生活。这样个人就会感到自己的个性、能力能够充分展开、显现和绽放，有一种满足感，自然会和家庭形成融洽关系。

第四，和谐的家庭充满责任。

责任是与生俱来的，每个人都必须拥有一颗责任心，这也是家庭对其成员的基本要求。家庭成员应在享受自由和权利的同时，自觉承担起相应的义务和责任，按照理性的规范去追求自己的欲望和快乐，并奉献出自己的所能，同甘共苦，风雨同舟。

在家庭的不同周期、不同成员之间，责任的内涵也是有所差异的。如"尊老"，不仅仅指传统意义上的养老送终，还包括精神上慰藉的责任；如"爱幼"，不仅仅指供其吃饭穿衣，一味地"溺爱"，而是要求父母对子女承担起抚养、教育和监护人的责任。

家庭成员的责任信念决定着家庭的质量，也决定着社会细胞的健康。只有将责任感建立在家庭的基础上，家庭才能和谐，从而将责任和伦理价值辐射于社会，自觉履行社会责任，才能立足于社会。

第五，和谐的家庭需要包容。

家庭的存在，不仅仅是因为血缘关系，还因为家庭成员之间的包容。包容是对一种理想生活形式的追求，是实现和谐家庭的条件。

夫妻的结合不仅是生理方面的，更多的是精神方面的，是两种家庭背景、文化传统、生活方式、社会经历的结合，矛盾是不可避免的。在一个家庭中，每一个家庭成员只要有自主性就会有不同的价值选择，就会有差异和矛盾。因此，家庭成员之间内心的包容显得极为重要，每个家庭成员都应把自己的心灵打开，要豁达大度，要能容天下难容之事、难容之人，要知足常乐。以这样的心态出现在家人面前，以这样的心态处理家庭事务和家庭矛盾，一切问题都可以迎刃而解。

第六，和谐的家庭需要前进的动力。

充满活力是和谐社会的特征，也是和谐家庭的特征。有动力才会兴旺，兴旺才会发达，家庭成员之间要有明确的奋斗目标，要有比较一致的价值取向，经常寻找大家都感兴趣、都愿为之努力的共同点。

家庭成员要在家庭事务和家庭活动中表现出正确的价值取向和良好的道德行为，还要在社会事务和活动中表现出正确的价值取向良好的道德行为，从而实现个人幸福与社会和谐的统一。

第七，平安健康是和谐家庭的保障。

和谐的家庭应该是平安的家庭、健康的家庭。平安是家庭完整性的保证，健康是家庭快乐的基础，缺乏平安健康的家庭，只会陷入痛苦。因此，家庭成员不仅要保证自己的平安健康，还要全力保障整个家庭的平安健康，要知道，家庭成员的一切欢乐，都源自家人的平平安安、健健康康。

要想充分做到家庭成员的平安健康，就必须科学地组织、安排和管理家庭经济、家务劳动、家庭饮食、家庭环境、家庭安全、家庭娱乐、家庭学习等，家庭的精神生活不仅要丰富多彩，而且要有健康的内容和新鲜活泼的形式；家庭成员的生命质量不仅只是身体的健康情况，还要考虑心理健康、精神风貌、生活习惯、行为举止等方面。只有这样才能使家庭的脉搏与社会的发展和谐跳动。

总之，创建现代和谐家庭的内涵非常丰富，涉及个人和社会的方方面面，从小的方面讲是为个人的幸福而努力，从大的方面讲是为构建社会主义和谐社会做贡献，最终途径还是需要个人用实际行动去实践。

第二章

夫妻恩爱：和谐家庭的主旋律

婚姻是维系和谐温暖家庭的纽带。夫妻间的理解、包容和恩爱，是家庭和谐的主旋律。夫妻恩爱不但有助于婚姻关系的调和、增进夫妻感情，更可作为子女们的典范，让他们学习如何建立健康和紧密的人际关系。家和万事兴，无尽的夫妻恩爱将给对方和整个家庭无尽的动力和欢乐。

1.

幸福的婚姻需要爱的阳光

家庭是社会的细胞，婚姻则是维系家庭的纽带。一个家庭是否和谐，幸福的婚姻是基础。

从古至今，人们都有追求幸福婚姻的梦想。《诗经·国风》中有这样的千古名句："关关雎鸠，在河之洲。窈窕淑女，君子好逑。"雎是一种水鸟的名字，传说它们情意专一，一生只有一个伴侣，相互陪伴到老，直到死去。古时候的人们在封建意识、封建礼教的禁锢下，用雎这种鸟来表达追求一种以男女相悦为基础的自愿婚姻。

随着社会的变革，我们早已实现了婚姻的自由，人们在追求自由婚姻的同时，观念也随之发生了改变。自 20 世纪 80 年代以来，中国进行经济体制改革和对外开放，全球化浪潮把中国卷入了全球整体中，这使得中国社会生活、中国人的婚恋观念发生了深刻的变化。传统的"死生契阔，与子成说；执子之手，与子偕老"的婚恋观点受到猛烈的冲击，中国人的婚姻呈现出从保守到开放、从一元到多元的变化。

当电视剧《奋斗》《蜗居》《裸婚时代》《北京爱情故事》等出现在屏幕上时，爱情和婚姻在年轻人中掀起了争议的狂潮。对待婚姻，每个人的看法都不一样。有些人认为，人生一定要经历过婚姻才算完美；有些人认为，婚姻只是不甘寂寞的人寻找依靠的一种形式；还有的人认为，婚姻就是和爱的人在一起一辈子的证明，不论是同性或异性都可以结婚……

人们实现了自由恋爱，多元性的选择却呈现出诸如单纯传代型、性爱型、政治功利型、经济功利型、生活依托型等婚姻动机。中国社科院研究员、两性问题专家李银河认为："过去，一位教授娶一个农民，一样过一辈子。今天，婚姻家庭的凝聚力发生转移，更多关注夫妻心理和谐、文化般配、性生活的满意。"正是在这种背景下，一向崇尚"家和万事兴"的古老中国，正遭遇婚姻动荡的冲击。

据2011年的全国民政事业统计数据显示，2011年一季度，我国共有46.5万对夫妻办理了离婚登记，平均每天有5000多个家庭解体，北京、上海等大城市的离婚率甚至超过了三分之一。"中国式离婚"已经成为一个令世人关注的现象。

离婚直接导致家庭的破裂，子女成了离婚最大的受害者。虽然很多夫妻从不幸的婚姻中解脱出来了，但是他们却疏忽了最重要的一点：永远无法从中解脱的是孩子。孩子内心的创伤往往终生难以平复，他们的恐惧感也许永远无法医治。因此，没有任何一种力量比婚姻家庭的解体造成的悲苦更严重。

北京市曾对70所中学的5000多名初二学生进行过一次心理测试，结果显示，至少20%的学生有不同程度的心理障碍。再对这些孩子的家庭进行追访，发现其中65%的孩子来自"问题家庭"，父母不和、分手或者分手过程中的"战斗"，给孩子的心理留下创伤。

国内外相关研究表明，层出不穷的青少年问题，追根溯源都是家庭问题。生长在不健全、不健康、不幸福的婚姻家庭中的孩子，更容易发生犯罪和焦虑、抑郁、敌对、报复等心理障碍问题。

女方也是离婚的受害者之一。北京市曾对100多对35岁以上的离婚夫妻做过一个5年的跟踪调查。这些家庭都有1个或者2个孩子，分手时，85%的孩子判给了女方。5年之后，男方大多再娶，而女方再度进入婚姻的不到15%。由此可见，不少女性并没有从不幸的婚姻中解脱出来，只是从一个陷阱掉入另一个陷阱。

一位心理学家说："人的一生中，没有任何成功能够弥补婚姻家庭的失败。"现实中，我们很多人在事业上卓有成就，在婚姻上却一筹莫展。因此，不管当代人的婚姻观怎么继续演变，不论它是发展得更多元化，还是归于主流，我们都应该相信爱情，选择自己想要的婚姻，只有在爱的阳光下，婚姻才会幸福。

憧憬幸福的人，可以读一下以下这篇著名学者于丹对于婚姻的分析，也许能从中找到婚姻中的幸福感。

问：都说幸福的家庭是相似的，您认为幸福婚姻有什么模式可以借鉴吗？

于丹：好婚姻没有固定模式。但进入一段好的婚姻之前，一定要先了解自我。要选择最合适自己的，而不是最好的。每个女孩子都有虚荣心，但特别重要的一点是：你的婚姻不是展品，你所选择的这个男人，是你孩子的父亲，你父母的女婿，你自己的爱人，执子之手，一直到白头的那个人。这些东西是没法给别人看的。

问：可以分享一下您的个人心得吗？

于丹：婚姻是一场化学反应，不是 $1+1$ 的物理式的连接。婚姻是一个烧杯，进入的两个人其实是两个活性元素，你是什么元素，你需要和什么元素在一起才会有良性的化合反应？如果没有认清自己就去寻找另一种元素，那么很有可能，你寻到的是一个好元素，但是这个好元素跟你之间没有反应，甚至生成恶的反应。这就像买衣服一样，女孩子都喜欢华丽的时装，难道所有的衣服你都要狂购回家吗？你一定会知道有些衣服是不适合你的。那为什么不能把这种悟性放在婚姻上呢？

问：很多人认为爱情和婚姻是两码事，恋爱找的是情人，结婚找的是丈夫，您认为婚姻和爱情可以分开吗？没有爱情的婚姻是否会幸福？

于丹：我自己是一个爱情至上的人。也曾有人跟我倾诉，说谈了多年恋爱，已经遍体鳞伤，只想找一个适合的人嫁掉。我肯定是不同意的。如果这样进入一个婚姻，你对这个男人是极其不负责的。你想的只是索取，你从进入这个婚姻就带着不忠诚，很难说你不会再爱上别人，你的言谈举止带出的信息会让他知晓，你对他没有爱情。这等于你在选择婚姻时就已经种下了不幸的种子。

所以还是那句话，在进入婚姻之前，你要了解你自己是谁，你最想要的是什么，你能不能让婚姻充满浪漫。一个好的婚姻里面是有浪漫的，而爱情是浪漫的源泉。如果婚姻里堵死了浪漫这条路，你就会去婚姻外去寻找。所以我说选择什么样的婚姻是幸福的，还是从选择什么样的爱情开始。你是什么样的自我，就会遇到什么样的爱情。

问：现代女性在职场上越来越风光，却常常困惑于什么是适合自己的婚姻，这有什么相对可衡量的指标吗？

于丹：这个问题是我常和我的女学生们谈到的。我一直说，谈到婚嫁，请一定对对方做好 3 个方面的评价：

1. 你们精神生活上真的有默契吗？在价值观上有认同吗？他的气场是否罩得住你，让你有一种精神上深刻的依恋？爱情这东西不能替代一切，因为你们要过一辈子。一个特别爱钱和一个不太爱钱的人在一起，两个人会互相冲突；一个特别喜欢朋友和一个特别讨厌社交的人也没法协调。这些电光石火的契合非常重要。

2. 你们的社会生活是否够融合？恋爱是两个人的事，但婚姻是两个社会群体的事。最好的婚姻就是融合，认同彼此的圈子，爱彼此的亲人，接纳彼此的朋友，因为有彼此，你们更爱这世界的一切，你们比以前更知道父母养育之恩的厚重，更知道要经营自己的朋友圈子，更知道得去世界上去做很多精彩的事。这种接纳，会让你感觉更有根，除了爱情还有恩情。

3. 你们的性关系和谐吗？这是一个极其重要的指标。男女之间的激情，取决于身体之间的融合程度。如果说你们的身体不默契，那你们可能不会直接把这件事说出来，但有点小事就会爆发战争。这也是婚姻的"七年之痒"，甚至"三年之痒"的根由。

这三个指标只要有一个低于 60 分，我觉得就不能仓促地走进婚姻。

问：还有一种说法很流行，就是好的婚姻需要"门当户对"，您赞同吗？

于丹：我不赞成挑门第，但要挑两个人价值观的默契，而价值观是可以在后天的教育中形成的。两个人之间的价值观比门当户对更重要，因为每个人不是圈养在家里的，你们要走进社会，要去工作。

我和我老公两个家庭环境就特别不一样。我父亲是一个知识分子，多年来从事文史研究工作，我从小是背古诗词长大的，被精心呵护。而我公公是一个普通的工人，家里有四个儿子，可以说过着特别粗糙的生活。可是我喜欢我姥姥说过的一句话："贱养儿，贵养女"。女孩就应该贵养，让她有见识、有胸怀；男孩就要闯荡。我老公在家里排行老大，三个弟弟都听他的，所以我老公习惯性地愿意承担责任。我和老公的婚姻虽然不门当户对，但是恰好达到了对称和互补。

进入婚姻时，其实两个人第一都是一无所有，第二都是富比天下。一无所有是因为平等，之前的一切账单都已经撕碎了；富比天下是因为拥有爱情，因为这两个人将相守终生……

于丹不但有份成功的事业，还有一个和谐幸福的家庭。她强调，婚姻中，必须有个人是"家庭之脑"，另一人是"家庭之心"。"一个和谐的家庭，应该是'心'向'脑'妥协，'脑'对'心'的梦想有所迁就。长此以往，一家人也就其乐融融，共同进退了。我想，女人是心，男人是脑，如此搭配，方生和谐。"

由此可见，每一个成功的婚姻，都是有爱情基础的，都是因爱情的深厚而更加稳定、牢固。所以，爱情是婚姻的基础，婚姻是爱情的升华！金钱会逝去，权力会丧失，美貌会消逝，只有真爱才会随着时间的推移越酿越醇厚，只有真爱才会让婚姻生活永远充满阳光。

2.

夫妻恩爱是和谐家庭的主旋律

一百多年前，伟大的思想家恩格斯说过："如果说只有以爱情为基础的婚姻才是合乎道德的，那么也只有继续保持爱情的婚姻才合乎道德。"

婚姻是爱情的升华，美好的婚姻对人生是一种促进。婚姻也意味着更多的责任，没有爱情的婚姻是不道德的，没有稳定婚姻的家庭是不和谐的。夫妻间的恩爱就是和谐家庭的主旋律。

中国古代有很多爱情故事，最让人耳熟能详的有"牛郎与织女"、"梁山伯与祝英台"的故事，人人都憧憬自己能够拥有那样至死不渝的爱情婚姻，新《婚姻法》中也规定"夫妻应当相互忠实"，可是让人倍感失望的是，人们越来越多地听到的是离婚和婚外情，为什么期望和现实有这么大的反差呢？

著名作家钱钟书将形容婚姻像"围城"，说城外的人想进去，城内的人想冲出去。美国管理学大师史蒂芬·柯维却认为，婚姻是本情感账户，就是建立强有力的结合，双方愿意为长期的关系抛开短暂的坚持。在这本账户里，一定有你欠我，我欠你的，如果一方欠得多，夫妻关系就会有危机，所以平时要多存款进去。

婚姻是恋爱的转化，就像男女双方用爱种植的一棵小树，恋爱之初，两人用爱细心照料，但是婚后的责任与义务却让夫妻两人疲于应付，当男女双方在婚姻中的角色、地位发生冲突与不协调时，就会有一方或者双方怠于照看婚姻的小树，婚姻之树也会因缺乏爱的滋养而逐渐枯萎。

当非血缘的一男一女因联姻组成一个家时，这个家就成了爱的聚合体，这个家也会因爱而聚，无爱而散。因此，维系家庭的稳定与和谐，夫妻间的感情起着决定性的作用。

"百年修得同舟渡，千年修得共枕眠"。找到一个伴侣，找到一位共度一生的人，这是每个人一生的重大事件。两个人彼此之间能够互相欣赏、协助、挑战、共同成长，这是多么幸福的事情。

> 传说，在我国春秋时期，秦国有个叫萧史的善于吹箫，秦穆公之女弄玉非常羡慕，穆公就将女儿嫁给萧史为妻。婚后，萧史便教弄玉学箫，作凤鸣声，后来凤凰听到夫妻两人的箫声后，飞到他们的家里。秦穆公听说这件事后，特意让人修了一座"凤台"。一日，夫妇两人竟然乘凤凰升天而去。

这就是"夫唱妇随"的故事。当社会已经不再是"嫁鸡随鸡，嫁狗随狗"的社会了，每个人都有自己独立的思想。但是，人对于爱的感受是不会变的，即使是几句甜蜜的话语、表达情意的短信、饭后院里散步时短暂的牵手等,都是夫妻恩爱的积存。

　　某居委会举行了一次评选活动,要在所辖的街道内评出一对最恩爱的夫妻。几经筛选后,有三对夫妻入围。于是,居委会通知这三对夫妻去居委会办公室,参加最后的评比。

　　三对夫妻如约而至,他们一对对相拥着坐在居委会办公室外的条椅上,等待评委的约见。

　　第一对夫妻进了办公室。他们向评委讲述了他们是如何恩爱的故事。

　　前几年,妻子瘫痪了,卧病在床,医生说她能站起来的可能性很小,妻子绝望得几乎要自杀。但是,丈夫鼓励她活下去,多方为她求医,对她不弃不离,而且几年如一日地照顾她,任劳任怨。在丈夫的关爱下,妻子终于站起来了。第一对夫妻的故事十分感人,评委们听了,都为之动容。

　　第二对夫妻进了办公室。他们没有什么感人至深的故事,但是他们结婚10年,两人之间还没有红过脸,吵过架,一直是相亲相爱,相敬如宾。评委们听了,暗暗点头。

　　轮到第三对夫妻,评委们在办公室里等了很长时间却不见他们进来。评委们等得有些不耐烦了,就走出办公室去看个究竟。只见第三对夫妻仍然坐在门口的条椅上,男人的头靠在女人的右肩上,已经睡着了。

　　评委们当时就要上前喊醒那个男的,女的却用手指放在唇边做了个不要打扰的动作,然后小心地从包里拿出纸和笔,写下一行字,交给评委。做这些动作时,她都是用的左手,而且动作轻柔,生怕惊醒了自己的丈夫,她的右肩一直纹丝不动,稳稳地托着丈夫的脑袋。

　　因为字是女人用左手写的,所以字迹歪歪扭扭,但是评委们还是看清了:"别出声,我丈夫昨晚没有睡好。"一个评委在纸上续了句:"我们要听你们夫妻俩的讲述,不叫醒你丈夫会影响我们的工作。"女人接过纸笔,又用左手歪歪扭扭地写下:"那我们就不参加评比了,没有什么能比让我丈夫美美地睡上一觉更重要的了。"

评委们都非常吃惊,这个女人为了不影响丈夫睡觉,居然放弃评比,真是有点本末倒置。但是,他们还是决定等待一段时间。

一个小时后,男人醒了,女人的右手终于能够活动了,她从包里拿出一张纸巾,想将男人嘴角流出的口水擦净,但手才举到半空,纸巾就掉了,男人惊问她怎么了? 她温柔一笑:"没事。"

这时,有个评委早就等不及了,拉上男人就往办公室走,女人这才伸出左手悄悄地按摩右肩,她见几个评委在关切地看着她,便歉意地一笑,说:"真的没事,是肩膀被他的头压得太久,麻了。"

男人被请进办公室后,评委便问他:"你怎么睡得那么沉?"男人不好意思地笑笑说:"我家住一楼,蚊子多。昨晚半夜的时候我被蚊子叮醒了,这才发现家里的蚊香用完了,半夜也没有地方去买,我怕妻子再被叮醒,所以我就为她赶蚊子了,后半宿就没顾上睡。"评委们听了,一时间都不吱声了。

第二天,居委会"最恩爱夫妻"评比的结果出来了,居委会增加了两个奖项:将第一对夫妻评为:"患难与共夫妻",将第二对夫妻评为:"相敬如宾夫妻",而真正的"最恩爱夫妻"奖,却给了第三对夫妻。

婚姻就像泡茶,第一道茶像恋爱,浓烈馥郁香;第二道茶像新婚,清新可人;第三道茶则像刚过蜜月或蜜年的婚姻,平淡如水,但它却是由一个个平淡的爱情细节组成的,只要夫妻双方都能够将每一个生活细节都演绎得爱意融融,只要在每一个生活细节里都注入关爱的心意,那么,他们所拥有的婚姻,就是最完美的婚姻。

爱是夫妻感情的万灵丹。当夫妻双方都为对方的给予而感到惊喜时,自然就会为对方做得更多;对方发现收到的回报比付出的更多,也就会感到更加的惊喜,于是就想做到的比收到的更多。如此循环下去,夫妻感情只会越来越好,欢乐也会越来越多,家庭也就更加和谐了。

3.

让浪漫满屋

有一部韩剧，叫做《浪漫满屋》，讲述男女主人翁共居"FULL HOUSE"的爱情喜剧。女主角智恩是个热衷于做白日梦的"乐观坐家"，男主角李英宰则是个狂妄自恋的大明星，如此个性迥异的青春男女，自然少不了碰撞打闹，嬉笑怒骂，笑料百出。最后，被大明星奚落"脑袋笨得像鸟类"的"坐家"，成功荣升正式签约写手，成了一名真正的作家，并在与男主角旷日持久的斗智斗勇中俘虏到他的心，事业爱情双丰收。

夫妻两个人，或者还有孩子、老人，加上一座房，是婚姻的常态。至于房子里装着的是快乐还是怨愤，就看当事人如何经营了，一个人的情绪，两个人的分享，你给他快乐，你也快乐；你给他烦闷，他和你都烦闷。

很多人将婚姻比作爱情的坟墓。此话虽然有点儿言过其实，但也并非全无道理。世界上有多少对夫妻就有多少种婚姻状态，结合的初衷无非是希望得到幸福，至于究竟多少对夫妻过上了幸福快乐的日子，那就不得而知了。

为什么有的夫妇婚后感情与日俱增，两情愉悦，恩爱有加，爱情之花常开不败。究其原委，全在于夫妻感情巩固、发展得法，关键在于懂得浪漫。

浪漫并不是恋爱时的专属。浪漫是爱的表达，没有了浪漫，爱情只是一个空泛的词语。浪漫永远伴随着爱，不是你成熟后就不会去做的事情。相反，一个人愈成熟，他的爱情就愈深刻，表达方式也就愈能深入人心。

佳佳今年34岁，结婚7年。因为是独生女，从小到大，爸爸妈妈很宠她，每个生日都有小小的Party和温馨的祝福。爸爸说，女孩子就是拿来宠爱的。

23岁的时候，佳佳遇到了现在的丈夫。丈夫年轻有为，让佳佳感到高兴的是,不论平时如何忙,丈夫总能在她生日的那天,记得回来陪她,并为她安排"生日三宝":玫瑰、红酒和烛光。生日那天,佳佳总要打扮得漂漂亮亮的,在微醺的烛光和爱人欣赏的眼神中,享尽每寸光阴,有时生日那一夜的温存,够她回味很久。

27岁时,两人幸福地结合了。

婚后的第一年,丈夫竟然忘了佳佳的生日!

第二年,他们有了自己的孩子,大家只顾得照顾孩子了,丈夫再次忘记了佳佳的生日。

第三年,佳佳生日那天因家里的事两人吵了一架,两人赌气谁也没有提起生日的事。

第四年、第五年、第六年,佳佳都是提前两三个星期就暗示丈夫自己快要过生日了,但是每次的生日都会因为各种事情而不了了之。

渐渐地,佳佳开始怀疑此生就要和玫瑰、红酒、烛光永别了,甚至感觉丈夫欺骗了她。慢慢地,佳佳对丈夫的感情也有了转移。

第七年,佳佳将自己生日的事告诉了对自己有好感的一个朋友。生日那天,朋友终于让她看到了遗失了6年的"生日三宝"。佳佳感动得一塌糊涂。很快,朋友向她提出了过分的要求,佳佳正在为难之际,两个人的手机响了,这头是丈夫打来的,担心她为什么这么晚了还没回家;另外一头,是朋友的老婆打来的。佳佳突然清醒了,他们都有家庭了。

当佳佳回到家,打开门的那一刻,被眼前的情景惊呆了:厅里的窗帘全拉上了,黑丝绒般的空间里暗香浮动,烛光,满桌丰盛的晚餐,红酒,萨克斯风音乐,桌子中央摆着一大捧红玫瑰,足有上百朵!

佳佳扑在丈夫油烟味未尽的怀里痛哭了起来,像一个受了天大委屈的孩子。丈夫搂着她来到镜子面前,让她看镜子里自己的傻样。从那以后,丈夫更加爱这个家了,并记着妻子的每一个生日,妻子也将全部心思花在丈夫和孩子身上,对于有没有

"生日三宝"，已无所谓了。

人一生的追求有很多，这些追求都不会超出精神和物质的层面。佳佳的"生日三宝"，说它是物质，其中渗透了浓浓的精神成分，家里的亲人看中的绝非红酒、鲜花和烛光，而是透过这些浪漫去感受心灵的交融和内心的幸福感受。

中央电视台《艺术人生》栏目做过一个"永结同心"的主题节目，著名电影演员冯远征为了给妻子一个永远的童话世界，结婚12年，坚持每年都给妻子买毛绒玩具，以一个男人的宽容博爱给了妻子孩子般最真挚的爱。

可见，浪漫不需要多少物质的保障，需要的是爱的表达。有时，一次小小的浪漫却充满着巨大的能量，甚至能将婚姻从破裂的边缘拉回正常的轨道。因此，在漫长而平淡的婚姻中，我们不妨继续着恋爱中那些让人心跳的浪漫。

(1)同爱人一起经常回忆热恋：热恋是婚姻的前导，热恋中的男女，那种两情依依、片刻难离的情景，是非常美妙的。结婚以后，经常回忆婚前的热恋情景，能够唤起夫妻间的感情共鸣，并在回忆中增加浪漫情感，更加向往未来，从而增进夫妻感情。

(2)来一次夫妻约会：约会本是未婚男女在恋爱阶段常采用的一种交往方式，但是随着婚姻关系的确立，约会就不复存在了。不妨在某个周末改变一下以往的吃、睡等单调乏味的生活，制造一个偶然的机会，让夫妻重新来一次约会，体验一下"初恋的感觉"，再憧憬着下一次的"约会"。

(3)安排再度"蜜月"：结婚时的蜜月，是夫妻俩感情最浓的时期。那时，两人抛开一切纷扰，完全进入赛过蜜糖的爱情天地，享受"伊甸园"之乐。婚后，夫妻二人如果能利用节假日，每年安排时间不等的"蜜月"，如进行异地旅游，再造两人的爱情小天地，重温昔日的美梦，定能不断掀起爱河波澜，使夫妻感情越来越浓。

(4)庆祝具有纪念意义的节日：结婚纪念日、对方生日、定情纪念日等，是夫妻双方爱情史上的重要日子。那天，采取适当的形式，予以纪念，使双方都感到对方对自己怀有很深的爱意，这对于巩固夫妻感情作用甚大。

(5)补偿往昔遗憾：不少夫妇结婚时由于条件所限，未能采取理想的形式来回报对方的爱意，如未能拍婚纱照、未能买结婚戒指、未能度蜜月等。若干年后，当条件具备时，记着完成这些当初未尽事宜，以偿还过去欠下的情债，就会使对方觉得你是个重情、多情的人，爱你之情便会倍增。

(6)给爱人来点意外的惊喜：有些男女，婚前与对方约会时，总要想方设法取悦对方，结婚以后就不会在意对方对自己的感受，这种做法是会损伤夫妻感情的。出乎意料地使对方惊喜，常会起到感情"兴奋剂"的作用。比如瞒着对方，将对方在远方的亲人接来会晤，为对方买一样很想得到的物品，为对方做一道喜欢吃的菜，不时来点幽默，等等。

(7)小别胜新婚：在过了一段平静的夫妻生活后，有意识地离开对方一段时间，故意培养双方对爱人的思念，再欢快地相聚，相聚时的那种感觉甚至比新婚蜜月时候的感觉还要浓，能把平静的夫妻感情推向一个新的高峰。

(8)展现自己的魅力：很多人婚后衣着、容颜等不再讲究，不妨哪一天精心装扮一下自己，突然出现在爱人面前，让爱人惊喜地发现，原来自己还是多年前那么的帅或美丽，这不仅可以取悦对方，也是在公众场合下为对方争面子的需要。

浪漫到底是什么？是风花雪月还是甜言蜜语？是执子之手的誓言还是相濡以沫的温情？浪漫虽然不是婚姻的全部内涵，但是"最浪漫的事，就是和你一起慢慢变老"。夕阳下，一对白发老人坐着摇椅慢慢摇的美丽画面，这才是婚姻的本质。

4.

倾心交流的夫妻才有长久的爱

语言是人类表达爱意的一种方式。在情感关系中，语言交流是重头戏,也绝对是一个技术活。夫妻两个人在一起,要建立良好密切的情感关系,实现长久和谐的共同生活的目的,沟通是必须要做到的。

夫妻双方只有注重互相交换信息,了解彼此的意见、感受和需求,懂得在何时做什么事情,可以根据对方的情绪反应调整自己行为的夫妻,感情也才能够得到健康的发展和延续,也才能算得上是成熟和稳定的。

夫妻之间没有交流是不多见的,通常存在的问题是是否交流良好。夫妻交流产生的结果可以是积极的、建设性的,也可能是消极的、破坏性的。

日本一家人寿保险公司曾做过一次调查:日本的夫妇每天一般可交谈1小时50分钟。保险公司的工作人员觉得很奇怪,这么长的时间夫妻二人究竟说了些什么呢? 经过进一步核实,工作人员们发现他们不是"交谈",大多数情况下,是妻子在嘀咕,丈夫只是偶然点头或"哦唔"一声而已。

通过调查还发现,日本丈夫和太太的谈话主题有三大项:吃饭、洗澡、睡觉。对此,日本有位婚姻专家分析指出,日本离婚人数越来越多的一个原因,就是日本夫妻的"交谈"次数越来越少的缘故。

同样的问题还出现在中国。资料显示,当前40%～50%的离婚率,是由"第三者"插足引起的。当你翻开家庭婚姻类杂志,几乎每一篇婚外恋情波及婚姻生活的报道,都会涉及一个"第三者"。

分析一下那些被"第三者"破坏的家庭,主要存在两个不稳定的因素:夫妻生活单调、相互疑心。当夫妻之间缺乏交流时,生活就显得无趣,一旦夫妻间因某些烦心的小事而发生冲突时,就会将感情寄托于外人,于是就给了"第三者"插足的机会,加之夫妻间没能及时地交流解决矛盾,导致相互猜疑,最终让"第三者"乘虚而入。

夫妻两人结合在一起,除生儿育女繁衍后代外,还有一个重要的好处,那就是半夜时分,两个人可以相拥在一起说"枕边话"。话题从不受限制,身心放松,温情脉脉,却又自由自在,夫妻间的密声细语,是一种享受,是一种亲密的沟通。

夫妻通过交谈,可以坦诚相见,让对方知道自己心里想什么,也从对方的言谈中,了解对方的需要、渴求,甚至忧虑。这种倾心交谈,比接吻质朴、深远,更能将两人的心紧紧地连在一起。

钟良和王宇在大学里曾经是令人羡慕的情侣，两人感情很好，都追求浪漫，彼此欣赏。毕业后，两人分在不同的城市，4年鸿雁传书，反而加剧了他们彼此的想念，最终王宇为了钟良放弃了自己的工作，到钟良所在的城市与之结合。

可是，结婚不到半年两人却劳燕分飞。钟良苦恼地说，他一心在外挣钱，回到家里已经很累了，可是王宇不但没有半句安慰的话，总是找碴儿与自己吵架，自己实在是忍受不了她的任性和坏脾气。

王宇却委屈地说，她在家用整整4个小时打扫房间，每个角落都清扫得一尘不染。她满怀希望地等着丈夫回来夸两句，没想到，丈夫到家时又累又饿，只知道打开电视机看足球赛。一句赞扬的话都没有，甚至连屋子变了模样都没发现。在以后的半个小时中，王宇的劳动成果就被丈夫糟蹋得面目全非。于是，怒不可遏的王宇同钟良开始了一场"超级大战"。

从钟良与王宇的表述中，我们不难发现，两人矛盾的交结点在于双方都不能理解对方的心情。为什么会出现这种情况呢？究其原因，两人没有把各自的感受向对方表明，因而形成了误会，结果这个误会越来越深，最后到了不可调和的地步。

现代婚姻中的男女双方一般都各自拥有自己的工作，一天24小时中，除去晚上休息的时间外，白天的绝大部分时间两人都为各自的工作忙碌着，在一起的时间可谓分秒可数。夫妻之间只有下班回家到晚上睡觉前的几个小时相处，如果不充分利用好这点时间进行交流，那么夫妻两人与形同陌路的旁人有什么两样呢？

维系一个家庭的存在，感情是最重要的，所谓看在孩子的分上，看在老人的分上，或者看在钱的份上，夫妻俩应该如何如何，这些要不就不能长久，要不内心就非常痛苦。要想建立和保持一个幸福和谐的家庭，就要从根本上解决问题，夫妻要营造好的感情，夫妻双方必须主动敞开心扉。

值得注意的是，在婚姻关系中，相当大一部分的交流都是非口头性的，比如手势、动作、眼神等，这些非口头性的肢体语言也都属于交流的一部分。因此，夫妻间的交流是有技巧的，需要夫妻双方注意彼此在生活中的细节和习惯，将交流融会于日常的点滴，善于调整自己的心态，用比较平和的情绪去看待交流这件事情，交流才会获得理想的结果。

(1)夫妻之间不应有秘密。夫妻之间永远没有第三者的秘密。如果你有什么事情隐瞒了对方，不管是善意的或者出于其他方面的考虑，请尽快找个时机向对方表明。

(2)实事求是。在批评对方时，不能用"你从来什么家务也不做"、"你总是和我大声喊叫"等夸张、歪曲的表达。对方可能会说："我不是从来"、"我不是总是"，不但不承认被指责的事，而且可能还指责对方不讲理，并纠缠在到底做过多少的"次数"上以至于转移了主要问题。

(3)理解肢体语言。人与人之间的沟通 65% 是非语言的。如果夫妻之间能尽量体会、准确感觉到相互之间的非语言信息，有助于夫妻之间的良好沟通。

(4)真情表白。坦白自己的心灵，让对方明白你对他的爱。

(5)选择时机。时间和话题的选择是一种良好的沟通方式。在对方情绪比较好的时候谈一些棘手的问题，可能有助于减少冲突。在对方正处于比较紧张焦虑的工作或生活状态时，尽量与对方谈一些愉快的话题，这其实也在传达着对对方的尊重、体贴和理解的信息。

(6)学会倾听。倾听，是爱和关怀的表现。倾听的时候，你的注意力完全集中在对方的话语上。倾听的时候，你完全接受对方所说的话，而不去评判话的内容和说话方式。真正做到洗耳恭听，你就必须关心配偶的感受和观点，尽量从对方的角度理解这些感受。

(7)就事论事。不要抓住对方的缺点不放，作为每次攻击指责对方的"法宝"。

(8)赞美和表扬。不断鼓励和表扬对方，是夫妻之间良好沟通的有效方式，并且夫妻之间的相互赞美要多于指责，这非常有利于夫妻关系的健康发展。

当然，夫妻之间还可以通过书面交流、短信交流。不管通过什么方式的交流，都是为了达到增进感情的目的。我国中医学中有这样一个理论："不通则痛，通则不痛"。婚姻生活中的夫妻双方也是如此，适当的交流与沟通，是夫妻彼此了解的通道，是婚姻美满、家庭和谐的必经之路。

因此，作为家庭的两个顶梁柱，夫妻必须做到息息相通才能将美好的婚姻进行到底,也只有通过倾心交流,才能让爱情长久。

5.

用一生寻找相互影响的和谐频率

美国心理医学博士约翰·格雷写过一本书,书名是《男人来自火星,女人来自金星》,该书长期位居美国畅销书榜首,并风靡世界各国,为各年龄层的男女读者完善爱情关系,保持美满婚姻提供了极有益的帮助和技巧。

这本书对理解男人和女人,并进行两性沟通做出了突出贡献。透过本书,读者可以清楚明了男女天生的差异性,并厘清两性关系的种种迷雾,帮助迷途男女从困惑中释放自己,重新学习信任、付出及关爱。

比如书中介绍的爱情12种需求:女人需要理解,男人需要接纳;女人需要尊重,男人需要感激;女人需要忠诚,男人需要赞美;女人需要体贴,男人需要认可;女人需要安全感,男人需要鼓励……

男人和女人不仅性别不同,在家庭中的责任和义务也有所不同。如果一个家庭中,女人承担了男人的角色,成为女强人,那么她的男人很难找到自尊,女人也会倍感交瘁,加速衰老和患上疾病;如果男人承担了女人的角色,遇事不果断,家庭生活也不会好到哪儿去。

婚姻是一个漫长的过程,差别巨大的男女双方如果在这漫长的岁月中没有相容点,日子对他们来说是何其的漫长与痛苦。男人和女人相处,其实就是通过婚姻来学习和别人如何相处,寻找共性,并相互影响,过不了这一关,那么你的生命就很难获得真正的幸福。

1977年,戴安娜认识了比自己大13岁的查尔斯王子。

查尔斯王子风流英俊,他可以跟无数个女人讲出不同的甜言蜜语，这样一个有钱、有地位又会讨女人欢心的男人，自然十分抢手。然而，查尔斯却是个地道的单身享乐主义者，他不愿意被婚姻生活所牵绊，更多时候喜欢独来独往。作为一个王储，迟迟不结婚是对王室的不负责，于是英国女王决定将有王室血统的戴安娜许配给查尔斯。

不过，两个人的性格与身世迥异，查尔斯剑桥大学毕业，而戴安娜在高中辍学；查尔斯喜欢安静，可以一天都不说一句话，或是阅读或是速写，可戴安娜却喜欢与人交谈，她可以喋喋不休地与人说一天话；查尔斯喜欢马术，戴安娜却因为小时候从马背上摔下来过而害怕骑马。这些生活习惯和性格上的差异也许就是后来导致这场世纪爱情破裂的主要原因。

1981年，戴安娜毫无悬念地嫁给了查尔斯王子，婚礼极尽奢华，全球有7.5亿人通过卫星电视观看了这场直播婚礼。然而，这场美轮美奂的婚礼并没有给戴安娜带来安全感，他们之间的差距并没有因为婚姻而让两人的心拉得更近。

蜜月中，查尔斯总是去干自己喜欢做的事情，比如钓鱼。每当这个时候，戴安娜要么也同样安静地在一旁观看，要么就处理自己的事情。她深深地感到，不管自己怎么爱查尔斯，他都不会为自己有所改变。

但是，这只是个开始，由于戴安娜和查尔斯王子之间根本就没有什么共同语言，丈夫很快与自己的情人卡米拉好上了。戴安娜甚至亲眼见到过丈夫精心珍藏的两张卡米拉的照片以及卡米拉送给他的东西。于是，戴安娜与查尔斯摊牌，问他该怎样面对卡米拉。查尔斯却指责戴安娜无理取闹，胡思乱想。

从此，这段万人瞩目的婚姻再也无法荡起涟漪，查尔斯总是以各种各样的理由去与卡米拉约会，戴安娜明明知道却也无能为力。在查尔斯眼中，戴安娜多疑、猜忌还经常无缘无故地发脾气，这让他无法忍受。而与卡米拉在一起时则不同，他们有共同的话题，可以聊上一天一夜，他们相聚的每一刻都十分舒适。戴安娜开始刻意回避查尔斯，尽量与其保持一定的距离，起初查尔斯还努力打破这种僵局，可时间一久，也失去了耐心。

　　戴安娜则完全将自己的精力转移到各种慈善活动上,她甚至认为,把爱给那些需要帮助的人,远比查尔斯的冷漠好。戴安娜对公益事业和慈善事业的关心和努力虽然得到了回报,她被评为"王室最受欢迎人物",被冠以"圣人戴安娜"的美称,但是这一切都无法弥补她在感情中的遗憾,她的家庭却无法挽回地破裂了。

　　1996 年 8 月 28 日,戴安娜与查尔斯的婚姻最终走到了尽头。这段被称为童话故事般的婚姻最终还是走向毁灭,公主与王子分道扬镳。

　　婚姻面前,人人平等。从决定走入婚姻殿堂的时候,两个人就要有充分的心理准备,从此没有什么你的、我的,所有都是我们的,我们的性格,我们的习惯,我们的观念,我们的事情。即使一时无法转变,那就去用一生的时间寻找那个相互影响的和谐频率。

　　看过了公主与王子的悲情故事,让我们再来看一下平凡人的幸福故事。

　　在武汉市江汉区白松社区,有一对年龄双双过百的老夫妻,携手走过 82 年,他们就是最完美爱情的演绎者。

　　妻子胡小青,1910 年 11 月出生,丈夫贺元亨,1911 年 12 月出生。

　　胡小青说:"我 19 岁嫁给他,他 18 岁,还不知结婚是怎么一回事。"

　　贺元亨说:"她人好。"

　　胡小青应和着:"他也好。"

　　两老的身体硬朗,饮食很有规律,按时吃三餐,一生不沾烟酒茶,也不挑食,都爱吃肥肉。妻子胡小青还经常下厨为丈夫做饭。吃饭时,两老还互相为对方夹菜,不是夹过去就算完,吃鱼时得剔好刺再送过去,菜得先尝尝好不好吃,好吃才送过去。他们的儿子开玩笑说:"看到他们这个口里的送到那个口里,太亲热了,真是不好意思看下去。如果说他们两句,肯定一致对我。"

晚上，老两口看电视，都喜欢看言情剧。老太太不识字，一边看，老先生一边为老太太解说。老太太领悟力很强，谁喜欢谁，总能先看出来，再来告诉老先生。

老两口总是笑呵呵的，一生都没红过脸，天气好时他们就端着凳子相扶着在小区晒太阳，还经常牵手一起去买菜。儿孙们回家时，两老还打的带他们逛东湖，其乐融融。

多么让人羡慕的一对老人啊！

事实告诉我们：夫妻相处如何，并不在于性格是否相同、相近或不同。而是在于夫妻之间如何寻找两人的共同点。如果性格差异较大的夫妻，我们不妨按以下两种方法试着去做。

首先，尽量改变自己不好的性格，尽量尊重对方的性格。性格无优劣之分，但有长短之别。比如，急性子性格直爽，容易相处，但好发火，发起火来，可能让人忍受不了。相反，慢性子大多态度和蔼，容易相处，办事讲究质量，但速度较慢。在日常生活中，夫妻双方要尽量相互协调，做到心理上相容。

其次，各自要扬长避短，长短互补。各自要对自己有个充分的认识，主动地容纳对方，在家庭生活中应该发扬双方的长处，避开短处，相互提醒和帮助。

婚姻中，夫妻两人不可能没有共同点，可以一起做饭、一起吃饭、一起听歌、一起看电视、一起教育孩子，无论何时何地，在我们的婚姻生活中只要用心，没有找不出的共同点，这些小的共同点就像跳动的音符，最终会引起夫妻间的共鸣。

6.

"老头子总是不会错"

丹麦童话大师安徒生有一则经典的童话故事叫《老头子总是不会错》，相信很多人读过。

一个乡村有一对贫寒的老年夫妇。有一天，他们想把家中唯一值点钱的马拉到市场上去换点更有用的东西。

老太婆对老头子说："今天镇上是集日，你骑着它到城里去，把这匹马卖点钱回来，或者交换一点什么好东西：你做的事总不会错的，快到集上去吧。"

老太婆替老头子裹好围巾，把它打成一个漂亮的蝴蝶结，然后用她的手掌心把他的帽子擦了几下，同时在他温暖的嘴上接了一个吻。老头子就这样带着老太婆的殷殷嘱托上路了。

老头子先用马与人换得一头母牛，又用母牛换了一只羊，再用羊换来一只肥鹅，又用鹅换了母鸡，最后用母鸡换了别人的一大袋已经开始腐烂的苹果。在每次交换中，他都认为他做的事情是老伴最需要的，肯定会给老伴一个惊喜。

当老头子扛着烂苹果到一家小酒店歇脚时，碰到两个有钱的英国人。他得意扬扬地给他们讲了自己赶集的经过。两个英国人听得哈哈大笑，说他回去准得被老婆子结结实实地揍一顿。老头子坚称绝对不会，他信誓旦旦地对两个英国人说："我将会得到一个吻，而不是一顿痛打，我的女人将会说：老头子做的事儿总是对的。"

于是，英国人就用一斗金币作为赌注，三个人一起回到老头子家中。

让两个英国人目瞪口呆的是：老太婆一直兴奋地听着老头

子讲赶集的经过。每当听到老头子用一种东西换了另一种东西时，她都用满是钦佩的表情和语气大声地表示肯定。当她知道老头子用马最终换回的是一袋烂苹果时，她还是兴高采烈地说："现在我非得给你一个吻不可，我要告诉你一件事情。你知道，今天你离开以后，我就想今晚要做一点好东西给你吃。我想最好是鸡蛋饼加点香菜。我有鸡蛋，不过我没有香菜。所以我到学校老师那儿去——我知道他们种的有香菜。不过老师的太太，那个宝贝婆娘，是一个吝啬的女人。我请求她借给我一点。'借？'她对我说，'我们的菜园里什么也不长，连一个烂苹果都不结。我甚至连一个苹果都没法借给你呢。'不过现在我可以借给她10个，甚至一整袋子烂苹果呢。老头子，这真叫人好笑！"

老太婆说："谢谢你，我的好丈夫！"

她说完这话后就在他的嘴上接了一个响亮的吻。

两位英国人心悦诚服地付给老头子一袋金币。

童话中的老头子并不是一个聪明能干的丈夫，老太婆有足够的理由抱怨，抱怨他贫穷，抱怨他愚蠢，等等，然而她选择了赞美，因为老太婆的抱怨，改变不了他们的处境，只会给贫苦的生活雪上加霜，让两个人更绝望、更痛苦。但是，她发自内心的宽容和喜悦，却让老头子信心百倍，让自己其乐无穷。这是多么智慧又可爱的一对夫妻啊！

婚姻就如同一条河，宽容会不断地拓宽婚姻的河床，让更多、更丰富的爱得以流淌。遗憾的是，现实生活中，我们常常看到许多夫妻常会为鸡毛蒜皮的小事吵得脸红脖子粗，非要分出胜负。其实，夫妻之间的许多事情是不需要理由，也无法判断对错。学会宽容，既给对方一次反思的空间，也给了自己一份快乐的心情。

丽丽在美国留过学，回国后成了外企的一个白领，有着强烈的小资情调。老公阿强来自农村，通过自己的努力考上了好大学，毕业后进了一家国企，成了一名普通的公司职员。

两人结婚后，阿强十分反感丽丽的小资做派，反对生日PARTY，反对西餐，反对妻子买正宗的国外名牌。有空的时候，阿强宁可钻在家里打游戏，也不跟丽丽去 SOHO 广场看露天音乐会。

圣诞节前，丽丽的同学从美国发来照片，看到以前的学校里已经立起了一棵巨大的圣诞树，金碧辉煌的样子让她十分向往。于是，丽丽牵着阿强在人潮汹涌的商场里四处寻找圣诞树，转来转去终于看好了一株最小的圣诞树，一问价 200 多。丽丽当即提出要买下，阿强不屑地回应："不买。买这破树有什么用，摆个一两天不就扔了，还浪费电。"丽丽一听，火冒三丈："你吃饭有什么用，吃一天不就拉了，还浪费粮食浪费碗浪费煤气！"

两人便在商场里吵开了，一下子引来众人围观。丽丽面子下不来，哭着跑回了家，一到家便要同阿强离婚。阿强一气之下，摔门而出，也许是气昏了头，结果下楼时脚踩空了，摔了下去。丽丽听见声音后，立即跑出来，哭着扶起阿强，一边检查他受伤没有，一边向她道歉，不再要那棵圣诞树了。

阿强幸好没事，事后想了想自己的言语，觉得有些过了，于是独自一人去商场将那棵圣诞树买了回来。丽丽一见阿强买回了圣诞树，高兴得跟小孩似的，晚上还特意给阿强烧了一只鸡，两人高高兴兴地吃了一顿浪漫的晚餐。

夫妻之间，明明爱着，明明是世间最亲密的两个人，却又不由自主地把对方当作是不良情绪的垃圾桶，拼命地挑毛病，口不择言地伤害对方。这是多么愚蠢的做法啊！

人谁无过，当容其改。对于终日朝夕相处的夫妻而言，任何一方都难免会犯错误，只要不是什么原则性的错误，即使对方做错了什么，只要心是真诚的，动机是好的，就应该鼓励和宽容他，千万不要自作聪明地去伤害你爱着的人，爱人的快乐比什么都重要。

夫妻的恩爱、宽容，是善待婚姻的最好方式，充分理解对方的行事做法，不苛求、不抱怨，用爱融化一切烦恼，婚姻一定会如安徒生童话故事般妙趣横生。

7.

幸福密码：和谐性生活

性是人类生命的一个重要组成部分，性生活的和谐与否对人们生活的各个方面都有着重大影响。《礼记》称其为"饮食男女，人之大欲存焉"，《孟子》中称之为"食、色，性也"，古人将性的满足放在与饮食同等重要的地位。

美国著名的社会学家雷诺说："和谐社会，其国家兴旺发达；和谐家庭，其亲人美满而幸福；和谐性爱，其夫妻平等而恩爱。"和谐的性生活不仅是婚姻的重要组成部分，更是包含了人类的生理需要、安全需要、归属与爱的需要、尊重的需要、自我实现的需要等所有层次，是人类最根本的需要之一。

性生活是整个夫妻关系的一面镜子。如果一对夫妻希望他们的婚姻生活幸福美满，就必须掌握和谐性生活这一幸福密码。

东东和芳芳是在学校认识的。东东英俊有才华，是芳芳心中的白马王子。但是，婚后不久，因夫妻两人的性生活，芳芳对东东的印象来了个180度的大转变，甚至认为东东是一个自私无情的人。夫妻两人的关系一下子紧张起来了。

在做爱的过程中，芳芳很照顾丈夫的情绪，很了解丈夫的意图和心态，丈夫的性反应到了哪一阶段，下一步打算做什么，她都心中有数。她说，当丈夫上床后与她紧紧拥抱时，不出5分钟就会强行风雨，她只能勉强地配合丈夫尽量使丈夫满意。但是，芳芳感到失望的是，东东完全不考虑妻子的感受。

东东却不这样认为，他觉得自己在性生活的过程中已很照顾妻子的情绪了，每一个阶段，他都是在确定妻子没有反对的情况下，才进行下一步，但是妻子最后竟说他自私、无情，真是天大的冤枉。

从东东和芳芳夫妇双方所说的情况分析，与其说东东无情，不如说他无知。也就是说他对妻子的性反应与性感受一无所知。他总是从自己的感觉出发，判断妻子对性的态度，因此做出了错误的推测。女方则不愿意说出自己的性感受，结果导致了性生活的不和谐，影响到夫妻感情。可以说双方都有错。

由此可见，性生活不仅是一种生理的需求，也是维系夫妻爱情的纽带；不仅是一种肉体上的结合，更是一种心的交流。

那么，怎样才会拥有和谐的性生活呢？

首先，夫妻必须对性生活持有一个健康的心态。婚姻生活内容丰富，婚姻因"爱"在一起，而不仅仅是"住"在一起，要充分认识性爱。爱和性爱是创造出来的，不是刻板的日程安排或机械的程序，夫妻双方应当学习和认识自己的性别、性角色、性偏好、性功能、性反应、性关系等，寻找出共同的通向新的亲昵关系的旅程图，弥合双方性格、心理、喜好的差异，实现性的和谐与美满。

其次，以爱为基础。夫妻恩爱是性和谐的先决条件，缺乏爱的生活不可能和谐。尽管夫妻双方的年龄、职业、体质、气质、文化水平、性格、思想意识和行为特点有所不同，且在性意识和性反应上有所差异，若能建立真挚、忠诚、尊重、体谅和平等基础上的夫妻关系，就完全有可能弥补彼此间的差异和不足。

再次，保持健康的身体和良好的精神状态。若身体健康状态欠佳或精神萎靡不振时进行性生活，性功能极易出现障碍，难以获得和谐的性生活、性满足。此外，每一次的性生活，不论是由哪一方提出要求，均是完全正常的，进行性生活必须是夫妻双方均是自愿的，夫妻双方更不能抱有"应付"的态度。

最后，夫妻双方还得掌握规律，相互体贴配合，善于排除心理因素干扰，选择适当的时间，有适度的次数，等等。

要想获得美满的婚内性生活，取决于夫妻双方对性角色的理解和扮演的好坏程度。如果男方总以为性是男人的事，不顾女方的意愿而勉为其难，而女方则不愿意公开表达自己的想法或不满，彼此的角色扮演必将充满缺憾，这样的后果是可想而知的。性角色的扮演应该是令人舒服的，能为双方所接受的，不是先入为主的或为错误观念所束缚的，不是僵硬不变死板的而是灵活可变的。

总之，和谐的性生活必须以夫妻感情为基础。男女双方百分之百地满足对方的要求，是很难做到。也就是说，性生活只要建立在平等、真挚、忠诚、互敬互爱的基础上，夫妻关系才能弥补彼此间的差异，建立起美满和谐的家庭。

8.

相敬如宾，心灵一生守望

"婚姻如饮水，冷暖自知"。绝大部分的人都会步入婚姻的殿堂，和另一个人开始过一种新的生活。有首歌里的歌词写得好："相爱容易，相处难。"结婚后，夫妻二人每天面对着油、盐、酱、醋、茶，少了激情、少了浪漫、少了先前的关注和相互之间的体贴。如何在这漫长而平淡日子里，与对方牵手到老呢？

也许古人的故事能给我们一些启发。

春秋时期，晋国大臣郤芮因罪被杀，儿子郤缺也被废为平民，务农为生。郤缺不因生活环境和个人际遇的巨大变化而怨天尤人，而是一面勤恳耕作以谋生，一面以古今圣贤为师刻苦修身，德行与日俱增，不仅妻子仰慕他，就连初次结识的人也无不赞叹。

一次，郤缺在田间除草，午饭时间妻子特饭送到地头，十分恭敬地跪献在丈夫面前，郤缺庄重地接过来，毕恭毕敬地祝福以后再用饭。妻子在丈夫用饭时，恭敬地侍立在一旁等着他吃完，收拾餐具辞别丈夫而去。夫妻俩相互尊重，饭虽粗陋，倒也吃得有滋有味。此情此景，感动了路过此地的晋国大夫白季，一番攀谈，认为郤缺是治国之才，极力举荐他为下军大夫，后来郤缺立大功，升为卿大夫。

《左传》记载了这段故事，这就是"相敬如宾"的典故。

后来，到了汉宣帝的年代，有个人叫张敞，他每日清晨都为妻子画眉，皇上知道了，认为他失礼，要拿他是问。他说："夫妇房中这事，更有甚于画眉耳！"皇上无言以对，也便罢了。

"眉毛"的故事还没有完。同样是汉代，东汉人梁鸿和妻子孟光结婚后，十分恩爱，每当丈夫梁鸿回家时，妻子孟光就托着放有饭菜的盘子，恭恭敬敬地送到丈夫面前。为了表示对丈夫的尊敬，妻子不敢仰视丈夫的脸，总是把盘子托得跟眉毛齐平，丈夫也总是彬彬有礼地用双手接过盘子。这就是"举案齐眉"的典故。

中国是礼仪之邦，人常说"人有礼则安，无礼则危"，类似的故事，类似的楷模，难以统计。

然而，随着社会的发展，当下越来越多的人认为"夫妻相敬如宾具有危害性"，他们认为夫妻之间过于礼敬，形同外人，毫无情趣可言。

这是一种错误的观点。

今天来讲，"相敬如宾"只是一个比喻，不能简单地从字面意义来理解，不一定特指夫妻双方要如宾客般彼此客气客套，而是指夫妻间也是有距离的，心灵上也需要保持自己的空间。

相敬如宾提倡的是一种平等、民主的家庭氛围。不要因为结了婚，在一起久了，就可以随随便便。每个人都有缺点，为了维持双方的感情，尽量掩盖掉你的缺点吧。即使是泡杯水，递个东西，也应冲对方笑笑，轻轻道声谢谢。没有埋怨，少了猜忌，即使是一杯白开水，也能品出最甜蜜的滋味。难道这不是一种情趣吗？

由此可见，相敬如宾并没有过时，完全可以在新时代为其注入新的内容，成为中国夫妻相处的一种规则。新时代的相敬如宾要求夫妻双方应该相互尊重对方的人格，不说伤害对方的话，不做伤害对方感情的事情，使对方享有一定的独立空间，双方地位平等，彼此保持适度的距离；同时赏识对方的优点和包容对方的缺点，为对方的成就分享喜悦，为对方的失败分担痛苦，双方还应该在平等的基础上进行感情沟通和交流。

在这一问题上，我们可以效仿敬爱的周总理和邓颖超相处的八互原则：互敬、互爱、互信、互帮、互慰、互勉、互让、互谅。周恩来、邓颖超夫妇一生恩爱，世间楷模，正是在这种互敬互爱的和谐氛围内不断加深夫妻感情的。

从热恋的男女走向婚姻中的夫妻生活，逐渐走向平淡无奇。伴随着繁琐的家务，人们都会产生不同程度的失落感，如果这时不能很好地处理彼此的感情交流问题，失落感就会成为夫妻之间矛盾的发源地。因此，夫妻双方应该尽可能地增加彼此了解，婚后彼此谅解，这才是婚姻的长久之道。

相敬如宾的前提是绝对平等。两个人结合在一起，肯定有很多的不同，"门当户对"当然是一件好事，但是很多婚姻的男女双方的社会地位、个人财富、工作能力等，并不是处于同一级别的，他们因爱而结合，在这种情况下，一旦进入婚姻，两人在所有方面都将是绝对平等的，没有谁可以有资格在爱人面前盛气凌人。

> 英国女王伊丽莎白参加应酬很晚才回家，发现卧室的门紧关着。女王站在门口敲了一下门。
>
> 丈夫问："是谁？"
>
> 女王回答："是女王。"
>
> 丈夫没有开门。
>
> 女王又敲门，丈夫又问，女王回答："是伊丽莎白。"
>
> 丈夫还是没有开门。
>
> 伊丽莎白女王似乎意识到了什么，最后，她答道："亲爱的，我是你的妻子伊丽莎白啊。"
>
> 丈夫终于打开了门。

这个故事告诉我们，进入婚姻后，夫妻两个人一无所有，同时也将富比天下。一无所有是因为平等，一切账单都已经撕碎了，富比天下是因为拥有爱情,因为两个人将相守终生。

婚姻是一个过程,在这个过程中,有甜蜜,也有苦涩;有浪漫,也有无奈;有幸福,也有苦恼。这些丰富的内容有时候很可能让我们手足无措,乐趣与美妙也恰恰就在这个过程中。要想圆满地走完这个过程,我们必须要尊重对方,必须注意婚姻中的一些禁忌。

不要胡乱猜疑。猜疑是对爱人的不信任,是对婚姻的一种侮辱。捕风捉影的怀疑会让两个人都变得愤怒、难以沟通,最后关系破裂。遇到疑问时,最好的办法是直接问他。

不要认为爱人为你做的事理所应当。人是需要相互尊重的,对爱人表达感激非常重要,日常生活中要消除三大消极态度:权力感、不切实际的期待和故作健忘。

不要相互埋怨。埋怨表达的是指责和威胁,对方也自然会以牙还牙,导致矛盾升级。不要轻易将怨言说出口,首先要扪心自问,自查责任,最后双方商量寻求解决办法。

不要胡乱解释。夫妻之间需要坦诚,胡乱地分析只会导致愤怒。夫妻双方要学会以开放和爱护的方式去倾听爱人的观点,以目光等非言语方式让爱人明白你在认真倾听,最后提出建设性的建议。

不要害怕说"不"。每个人都有自主权,牺牲自我感受而一味满足对方的做法,看似有益,实则是不真诚的表现,缺乏真诚的婚姻很难有亲密可言。实话实说更能赢得爱人的信任,加深夫妻之间的感情。

不要把沉默当武器。夫妻关系中,沉默是导致婚姻破裂的致命武器,要用积极的态度争取夫妻之间的沟通理解。

不要故意挑衅。选择在情感或身体上放纵自己的行为,是对最亲近的人的伤害,不如找个双方能心平气和交谈 30 分钟的地方,然后弄清楚自己的什么行为在给爱人添堵,逐条自我反省。

不要藐视爱人。对爱人的藐视,也是对自己的贬低,夫妻之间应避免一些降低对方自我价值的话。

不要威胁爱人。语言或肢体威胁及虐待必然导致婚姻冲突。当你对爱人很生气时,务必学会制怒。

不要找外人支持。第三方的出现并不利于夫妻之间的沟通。

婚姻不需要承诺,需要夫妻双方在婚后无数个平常的日日夜夜互敬、互爱、互信、互帮、互慰、互勉、互让、互谅,用心、用一生的时间来守望着生命中的另一半。

9.

相濡以沫,不相忘于危难

《庄子·大宗师》有这样一句话:"泉涸,鱼相与处于陆,相呴以湿,相濡以沫,不如相忘于江湖?"大意是说:泉水干了,两条鱼一同被搁浅在陆地上,为了生存,它们互相呼气、互相吐沫来润湿对方,显得患难与共而仁慈守义,难道这样会比湖水涨满时,各自游回江河湖海,从此相忘,要来的悠闲自在吗?

婚姻生活中的夫妻就跟被搁浅在陆地上的鱼一样,不仅需要平日的相敬如宾,更需要危难时的相濡以沫。

然而,现代婚姻生活中,很多人发达了、富贵了,却忘记了曾经跟自己一起共患难的爱人,最终抛妻弃子,家庭破裂。殊不知,中国还有一句古话叫做"贫贱之交不可忘,糟糠之妻不下堂"。这其中还有一个故事。

东汉初年,刘秀力量薄弱,被王莽一路追杀,由北向南日夜奔逃。战斗中,刘秀手下有个叫宋弘的大将不幸负伤。当逃到饶阳境内时,宋弘实在走不动了,而后面追兵又紧,怎么办呢?刘秀没办法,只好将宋弘托付给郑庄一户姓郑的人家养伤。

姓郑的这户人家非常善良,待宋弘亲如家人,端茶送水,好吃好喝,很是周到。特别是郑家女儿,长得虽不很漂亮,但为人正派、聪明大方,待宋弘更是热情,煎汤熬药,问寒问暖,关情备至。宋弘非常感动。日子一长,两人建立了深厚的感情。宋弘伤好后,两人便结为夫妻。

后来，宋弘跟随刘秀南征北战，屡立战功，终于帮刘秀得了天下。刘秀当了皇帝后，万事如意，只有一件事使他放心不下：刘秀有个姐姐，早年丧夫，整日闷闷不乐。刘秀多次派人给她提亲，说一个又一个，姐姐就是不满意。原来，姐姐看上了宋弘。于是，刘秀便要宋弘抛弃自己长相丑陋且年长的妻子，娶既漂亮又有地位的湖阳公主即刘秀的姐姐为妻，但遭到宋弘严词拒绝。宋弘说："臣闻贫贱之交不可忘，糟糠之妻不下堂。"

刘秀深为宋弘的为人所感动，不仅没有责怪他，反而对他更加看重。从此，"糟糠之妻不下堂"的故事便流传开来。

在中国古代社会，还有比宋弘更早地践行"糟糠之妻不下堂"的人，这个人是晏子。

晏子是春秋后期一位重要的政治家、思想家和外交家。据《晏子春秋》记载，有一天，大夫田无宇路过晏子家门口，看到晏子站在大门外，便上去打招呼。这时，从晏子屋里颤颤巍巍地走出来一位满脸皱纹、一头白发、身穿粗布衣的老妇人。田无宇等那妇人走远后，问晏子："刚才那位老妇人是谁啊？"晏子说是自己的妻子。田无宇听后哈哈大笑，说："您位至卿大夫，食田七十万，为何不另娶一位妙龄娇妻，却同一个老太婆厮守一生？"

晏子平淡地回答道："我曾听人说，'抛弃年老的，是为不守礼义；纳娶年少的，是为淫乱。何况是见色忘义，因富贵而失人伦，简直可称得上是大逆不道'。难道你希望看到我有淫乱之行，不顾人伦而另娶，做那些倒行逆施、寡廉鲜耻的事情吗？"晏子的一席话说得田无宇无地自容。

有一天，齐景公想把自己心爱的漂亮女儿嫁给晏子，于是景公便到晏子家去喝酒，试图给女儿做媒。当他们喝到正畅快时，景公看见了晏子的妻子，便问道："这就是你的妻子吗？"晏子回答说："是的，这是我妻子。"景公说："你妻子也太老、太丑陋了吧。我有个女儿，又年轻又漂亮，让她做你的妻子得了。"晏子赶忙离开座位，十分郑重地回答："大王，我妻子如今确实又老又难看，但我长期跟她生活在一起，原本赶上过她又年轻又漂亮的时候。再说，她年轻漂亮时把自己托付给我，就是为了防备年老色衰的到来。您即使想把女儿恩赐给我，我怎么能背弃和辜负我妻子的托付而另娶新欢呢？"晏子说完，拜了两拜，谢绝了。

不管是晏子还是宋弘，表现出来的对妻子的挚爱和相濡以沫的感情，都值得婚姻生活中的夫妻学习和敬重。

为什么当今社会的离婚率居高不下？不仅仅是人们传统的婚姻观有了变化，更多的是夫妻一方或双方忘记了曾经的誓言、一起走过的岁月。丈夫背着妻子在外边包"二奶"，妻子背着丈夫"红杏出墙"，在外边找情人、傍大款。这些做法既容易导致家庭危机乃至破裂，又破坏和践踏了优良的家庭美德，也不利于社会的安定，有百害而无一利。

当婚姻需要用外力诸如法律、道德等来维系时，家庭还有爱吗，和谐还能存在吗？俗话说"温饱生淫欲"，或许是我们的社会大环境在变化，人们的生活过于安逸，思想过于开放，婚姻过于平淡，但是这一切都不是借口，不如让我们静下心来，重温一下战争年代的革命爱情，说不定会受到一些启发。

徐海东大将和妻子周东屏的爱情发生于长征途中。1934年底，红二十五军准备长征。出于行军安全与便捷的考虑，部队决定遣散一部分女兵，这其中就包括在医院当护士的周东屏，那时她还叫周少兰。听到这个消息后，女战士们都站在路边抱头痛哭。这时，时任红二十五军副军长的徐海东便过来问明原因。周少兰壮着胆子，请求徐海东留下她们。徐海东被她们坚定的革命意志打动了，做出了让她们继续跟着部队走的决定。

部队进入陕南后，与敌人进行了一次恶战。徐海东在战斗中负伤。这是他第九次负重伤，前八次他都奇迹般地从死神手里溜走。但是这一次情况很严重，一颗子弹从他的左眼下方打进，从后颈飞出，穿过了徐海东的头，却避开了要害部位。当时，无设备无药品的医生除了用盐水洗伤口，用绷带包扎之外，没有任何办法，血汩汩地流着。

周少兰被派来护理徐海东。她用心地换绷带,擦拭伤口,用嘴吸出卡在徐海东嗓子里的痰。一天天过去了,周少兰为了首长的生命夜以继日不敢合眼。就在人们的希望即将殆尽的第五天,徐海东睁开了眼睛,第一眼看到的就是日夜守候在他身边的周少兰。

几个月后,当周少兰听到徐海东的表白后,却出人意料地拒绝了。徐海东追问:"你是不是嫌我比你大?"

周少兰急了。她从来没嫌过徐海东,她嫌的是自己出身卑微、没文化,因为她出生在一个贫苦的木匠家庭。

徐海东一下子放下了心,他告诉周少兰,他的出身好不到哪里去,之前他是个不名一文的窑工。

部队到陕北后,组织批准了徐海东和周少兰的婚姻。在徐海东的要求下,周少兰改名为周东屏,意为徐海东的屏障。一个驰骋沙场、叱咤风云、出生入死的大将,要求娇小柔弱的妻子做自己的屏障!多么意味深长,又多么情深意长。

抗战爆发后,从大后方来了许多女学生。一次,有位同志向徐海东半开玩笑地说:"要改组吗?我帮你介绍一个漂亮的。"徐海东青筋毕露,怒不可遏:"混账话!东屏是受苦人,我是'泥巴人',我们是生来的夫妻!"

有些故事是不会随着故事主人翁的离去而消逝的,像这样真情的、守候的、珍贵的故事,一定会流传下去,这是人们向往的婚姻,是当今,也是今后社会的主流,所有那些受到道德谴责的婚姻都不会为家庭和社会带来和谐的因素。

2012年10月11日,一个让全中国人都兴奋的消息从欧洲传来:中国作家莫言获得了诺贝尔文学奖。这是中国内地第一次有人获得诺贝尔奖。抛开文学的因素,我们看看莫言的婚姻,可能更具说服力。

1976年,莫言当兵前,在一个城里打过工,曾喜欢上了一个姑娘。但是,莫言的父亲管贻凡很早就给莫言许了一门亲,坚决不答应他与城里的姑娘结婚。从小就怕父亲的莫言,遵循婚约,和妻子杜勤兰在小屋成婚。婚后,大妻二人同甘共苦,并在小屋里生下女儿管笑笑。30年间,妻子见证了莫言的成功,虽然莫言成为了世界级的著名大作家,但却从没有嫌弃过只有小学二年级文化水平的妻子。莫言经常说,他的成功不在写作上,而是有个幸福的家。

　　没有什么比和谐的家庭更令人欣慰的。在当代,无论社会如何变化,思想如何开放,我们婚姻观中的一些传统的东西如夫妻彼此忠诚、相濡以沫、白头偕老,还需要去遵守、去践行,切不可因为外边的世界很"精彩"而迷失了方向。

第三章

孝亲敬上：和谐家庭的必修课

百善孝为先。父母是天下最善良的人，他们含辛茹苦地生我、养我、育我、我们穷其一生也无法报答父母的恩德。然而，随着人们生活方式和思维的改变，孝敬父母变成了一件难事，婆媳关系更是成为现代家庭和谐的障碍，要想家庭温馨顺遂，如何孝敬夫妻双方的父母则是家庭必修课。

1.

改善与父母的关系是和谐家庭的必修课

生活中,我们常为这样的事情而苦恼:我们爱父母,也知道父母更爱自己,由于思维方式、处事方法的不同等原因,就是跟父母搞不好关系。

不可否认,"代沟"是现实存在的。但是,代沟并不能成为我们与父母关系不和谐的主要阻碍。我们可以做一个测试,看看自己对双方关系的不和谐究竟应该负多少责任。

你对你的父母尊敬吗?

你有没有顶撞过父母?

你有没有在不高兴时,给父母难看的脸色?

父母有病,你念念在心吗? 是否觉得年老有病是正常的?

父母不肯学好,你是否生气、着急、发火?

你是否觉得父母没学问、保守、顽固、不开窍? 是否因此轻视父母?

父母有过失时你是否善巧方便委婉劝说,使他们醒悟为止?

父母的经验之谈你遵守了吗?

你是否个性刚强,不良爱好很多,让父母忧虑?

你是否因贫穷就不养父母?

你是否对待爱人、朋友超过对待你的父母?

你有没有向别人讲过父母的短处?

你是否对父母所爱敬之人,故意薄待?

你是否对年老的父母生过厌恶心?

你是否因舍不得一些财物使父母伤心？甚至和父母争财？

你有没有对父母生过怨言？

你是否还在让年迈的父母担负辛劳？

你是否继续让年迈的父母远出奔波或在父母年迈孤独时自己远出？

你有没有欺骗过父母？

如果你的父母去世了，你是否诚心为父母念佛诵经？

你是否在每次吃到美味佳肴时都想到父母？

你是否经常代父母洗衣做饭？

你是否经常打断父母说话？是否嫌他们啰唆？是否不耐烦地说我知道了？

你是否和兄弟姐妹不睦，乃至夫妻不和，令父母日夜忧虑悬心？

你是否打骂父母？

扪心自问，以上条款你做到了多少，又有多少没有做？对父母来说，每一条都是一点爱或者一点伤害，这些都是决定你与父母关系的因素，比照一下，究竟是爱多还是伤害多些，答案自然就出来了。

无论我们和自己的亲生父母关系如何，都无法回避这样一个事实，我们都是父母所生、所养，我们和父母之间永远有着千丝万缕的联系。我们和父母的连接不仅存在于我们身体里，也存在于思维之中。这种连接并不因为我们成立了自己的小家庭而告终，反而是在新的家庭中，我们开始感悟到自己的身体和思维原来与父母是惊人的相似。

因此，我们必须懂得改善与父母关系这堂和谐家庭的必修课。

父母并不像我们想象中那么蛮不讲理。我们必须了解他们作为父母的心理。父母毕竟是从艰苦的岁月中走过来的，很可能与时代有点脱节，思想上的陈旧并不代表他们就不比你更懂得人情世故。

父母看着自己的孩子慢慢长大、成家、立业，他们的心里肯定充满了不舍和担忧。孩子却往往是"初生牛犊不怕虎"，冲劲十足，根本无暇顾及到父母的感情，这样便容易产生矛盾。

小浩通过努力在城市安了家。有一天，他想起了自己在农村的父母，这么多年他们一直在背后默默地为自己做着贡献，也该接到城市里享福了。

小浩妈妈特别爱诉苦，总是在他面前唠叨爸爸各种不是。这天，小海刚回家，妈妈又唠叨上了："你爸爸就是……"小浩一听，烦了，大喊一声："你要是觉得爸爸那么不好，跟他离婚就是！"他的一句话让妈妈的脸都白了，妈妈不知道儿子怎么突然说出这种话来。

话说出来后，小浩也有些后悔，自己这是怎么了，不是已经想好了吗？这次把妈妈从老家接来，就是要对她好，怎么反而对她吼起来了呢？妈妈倒也不记仇，转天就把这事忘了。

可是没几天，小浩下班回来，妈妈一开口，没两句话就又是"你爸爸就是……"，要么就是"你就跟你爸一样"！这天，小浩又没忍住，又吼了妈妈一声。妈妈吓得好几天没敢吭声，家里的气氛一下子紧张起来了。

事后，小浩做了深刻的自我反省，决定改变策略，他不再责备自己没做到的那部分，而是着眼于自己做到了的那部分。尽管每一次的进步非常微小，甚至偶尔还会有反复，但他坚决地肯定自己每一点小小的进步，从不吝啬对自己的肯定和夸奖。

神奇的事情也发生了，随着小浩对自己态度的改变，他也能越来越多地看到妈妈身上的闪光点。以前，他的目光总是不自觉地集中在妈妈没有做到的那些事情上，注目于妈妈的唠叨、诉苦、抱怨，现在他看到更多的是妈妈的可爱。她在窗台上养了一盆植物，每天细心照料；她和小区里的很多大叔大婶成了朋友；她每天总是换着花样为儿子做很多好吃的。

终于有一天，小浩发现当妈妈又开始抱怨时，他没有生气，而是将注意力转移到妈妈擦得干干净净的窗户上，忍不住由衷地赞叹："妈你真厉害！简直像个田螺姑娘！"

正在开口抱怨的妈妈忽然愣住了，眼泪掉下来："小浩啊，这么多年，你爸爸都没夸我一句，好像我做什么都是应该的……"

小浩还是没接妈妈的话，而是说："妈妈您今天穿得真漂亮，越来越年轻了！"

妈妈终于忘了抱怨，跟小浩聊起新买的衣服。

在这之后，妈妈还是会不时地抱怨，然而小浩越来越不受妈妈地影响了，妈妈抱怨妈妈的，小浩注意到的并不是妈妈抱怨的那些事，而是她身上的闪光点，那些让小浩感动的地方。小浩的生活完全改变了，他发现自己的坏脾气不见了，他发现自己开始变得擅长开玩笑，变得能够在和妈妈的相处中体会到越来越多的乐趣。

时间久了，妈妈也更喜欢和儿子讨论一些有意义的话题，因为从这些话题中，母子俩能找到共同的观点。于是，妈妈的抱怨少了，家里的笑声多了。

人总是以挑剔的眼光看待问题，因而将问题复杂化了，同父母的关系如何，我们没必要去追究谁的责任，关键是要想着怎么去改善。

其实，我们和父母之间关系的变化，永远是从自身的改变开始的。一个人是不可能改变父母的，只能改变自己，通过自己的改变来影响父母。我们必须放弃"改变父母"的想法，放弃"他们为什么要这样做，而不那样做"的念头，哪怕是一个失败的父母，我们也必须接受。不接受父母，将自己的不成功、不快乐归咎于父母的不成功，指责父母没有给自己提供更好的帮助，只会让一个人更加的愤怒，只会导致同父母的关系越来越不恶化。

如果你和父母关系紧张，不妨参考以下步骤试着改变自己。

步骤一：学会长大。如果不想被父母当成孩子对待，就要有个大人的样儿。这就意味着，你不管多么恼怒不满，都不要随意乱叫，大发牢骚。

步骤二：时刻与父母保持信息畅通。你虽然不需将发生的一切事情都告诉父母，但是若说得越多，父母们就越觉得不用再打听了。

步骤三：尊重父母。这是最起码的要求。

步骤四：对父母真诚以待。理解他们、宽容他们、爱他们，因为他们给了你生命。

步骤五：别那么易怒。即使父母的话题让你厌烦，你也要礼貌认真地听，然后再转换话题。你不能左右他人的想法，却可以通过控制自己的反应来避开这些谈话雷区。

只要我们稍微偏离习惯的思维角度，就会发现父母并不是那么难以沟通，当我们不可避免地与父母发生或明或暗的争执时，我们需要站在一个新的角度来看待这种争执。一旦我们自己改变了，我们和父母的关系也就随之改变了，我们与周围环境的关系也就改变了。最终，我们会发现原来生活是如此的美好。

2.

百善孝为先

孝是中国文化的根源，千百年来，我们的老祖宗一直很重视孝道。

古人言："百行万善孝为首，乌鸦反哺，羊羔脆乳，人若不孝，禽兽不如。"孟子有"为人父必慈，为人子必孝"等谈论孝敬父母的观点；汉代"以孝治天下"，将孝道提到了空前的道德高度；唐代诗人孟郊《游子吟》诗中的"谁言寸草心，报得三春晖"等句，深切地表达了子女对父母的感恩之心，千百年来，一直为世人传诵；宋代八德"孝、悌、忠、信、礼、义、廉、耻"，也是以"孝"为首；元代郭居敬根据"孝道"故事，编撰了《二十四孝》，更是广为流传，影响万世。

人人都是父母所生，父母所养，每个人的身体发肤都源于父母。父母之恩是儿女永远不能忘记、永远报答不尽的。佛家经典《父母恩重难报经》将父母对子女的恩德归为十项。

第一，怀胎守护恩。

大意说：儿女因缘今生才来寄托母亲怀胎，经过一月月的生长，胎儿的体重压力就像山岳，胎一动一止像坏劫风灾；母亲为胎儿罗衣都不想挂，化妆镜台也被盖了厚厚的尘埃。

第二，临产受苦恩。

大意说：母亲怀胎经过满十个月，苦难的生产即将要来临；早晨起床就像生了重病，天天神情闷重好似昏沉。惶恐怖畏的心情难以诉述，哀愁眼泪流满胸前衣襟；语调含悲告诉亲族家人，唯独惧怕死神夺走肚中的胎儿。

第三，生子忘忧恩。

大意说：当慈母生产儿子的日子，五脏就像要破裂撕开；身体、心神几要闷绝而死，鲜血直流，好似屠宰猪羊。生下以后，母亲听闻孩子安康，心情欢喜倍于往常；欢喜劲儿还没过，生产后难忍的痛苦又在贯彻心肠。

第四，咽苦吐甘恩。

大意说：父母恩德高深且又重大，照顾儿女从不疏忽；吐甘喂儿从不作停息，自己咽下苦涩从不皱眉。但愿能令孩儿吃饱满足，慈母不辞自愿挨饿受饥。

第五，回干就湿恩。

大意说：母亲甘愿自身投于脏湿，而将孩子移到干净的地方；母乳专为孩子充饥渴，衣袖为孩子挡风寒。对孩子的恩爱怜惜常常让父母废枕不眠，宠爱逗弄也能让父母感到心欢；为了孩子的安稳，母亲总是顾不上自己的平安。

第六，哺乳养育恩。

大意说：慈母让孩子的依靠就像大地，严父养育孩子的恩德可以配得上天；父母养儿的恩德，如同天地养育万物之恩，不厌丑陋，无怨无悔，好坏都是整天珍惜爱怜。

第七，洗涤不净恩。

大意说：母体本来就像荷花芙蓉，精神气色原本健壮且丰满；两眉分开就像新柳翠碧，红颜脸色胜夺莲花粉红。但是，对孩子的恩爱深深地摧残着母亲的玉貌，只为怜爱孩子，慈母手粗脸皱颜容发生了很大的改变。

第八，远行忆念恩。

大意说：孩子远行渡出关隘山外，母亲的牵挂担心便随孩子到了遥远的他乡。母亲的心日夜相随离家的游子，其心担忧流泪已数千行；如同猿猴哭泣离别爱子，伤心难过寸寸哭断肝肠。

第九，深加体恤恩。

大意说：父母对儿恩情极其重大，恩德深重报恩实在困难；孩子受苦难父母愿代替受，孩子辛劳母亲则心疼不安。孩子短暂受到辛苦，就会长时令父母心酸。

第十，究竟怜愍恩。

大意说：父母恩德高深且又重大，给孩子恩惠怜爱无停歇；孩子的起立坐下，母心都要相跟随，不管远近，父母都要挂念。

老母年龄即使已100岁，仍然常常担忧80岁的孩子；要想知道母亲对孩子的恩爱何时断绝，恐怕只能等到自己离开人世。

父母之恩，感天动地。为了父母，儿女无论花多少钱、多少时间、多少力气，都是应该的。知恩、感恩、报恩，是天下所有的儿女应具有的良知和道德，是和谐社会应有的常态，是和谐家庭必备的基础。

既然父母对子女恩重如山，做子女的又该如何回报呢？

孔子说："孝子之事亲也，居则致其敬，养则致其乐，病则致其忧，丧则致其哀，祭则致其严，五者备矣，然后能事亲。事亲者，居上不骄，为下不乱，在丑不争，居上而骄，则亡。为下而乱，则刑。在丑而争，则兵。三者不除，虽日用三牲之养，尤为不孝也。"

孔子的意思是说：大凡有孝心的子女们，要孝敬他的父母，第一，要在平居无事的时候，当尽其敬谨之心，冬温夏清，昏定晨省，食衣起居，多方面注意；第二，对父母，要在奉养的时候，当尽其和乐之心，在父母面前，一定要现出和悦的颜色，笑容承欢，而不敢使父母感到有点不安的样子；第三，父母有病时，要尽其忧虑之情，急请名医诊治，亲奉汤药，早晚服侍，父母的疾病一日不愈，即一日不能安心；第四，万一父母不幸病故，就要在临终之时，谨慎小心，思考父母身上所需要的，备办一切，还要悲痛哭泣，极尽哀戚之情；第五，对于父母去世以后的祭祀方向，要尽思慕之心。以上五项孝道，做的时候，必定出于至诚。不然，徒具形式，失去孝道的意义了。此外，还要三戒：身居高位戒骄、屈尊人下戒乱、面对名利戒争。如果做不到的话，即便每天以山珍海味供养父母，也算不得孝子。

可见，孔子提出的尽孝强调的是必须尽心，并将孝心提升为道德要求,进而将这一道德要求推及至社会。这一观点正好与和谐社会、和谐家庭的建设不谋而合。我们的家庭建设,我们的国家和谐,重点在于人的素质建设;当我们把孝的理念在家庭中实施,并推及整个社会,何愁家庭不和谐;社会不安宁。

随着社会经济的发展和国家养老制度的完善,孝敬父母并不仅仅是供养,买一堆东西往那儿一放,叫一声"爸妈",然后就出门而去。这并不是真正的孝。现代家庭,对于大多数的老人来说,他们不在乎儿女拿多少钱,买多少东西,他们更在乎儿女能常回家看看,陪父母吃吃饭、说说话、散散步,有时一声问候都比毫无感情的钞票更讨父母欢心。

因此,儿女不仅要知恩图报,还要懂得如何行孝。

3.

儿女行孝须及时

子路是孔子的得意门生,他就非常孝敬父母。子路从小家境贫寒,十分节俭,经常吃野菜。子路觉得自己吃野菜没关系,就怕父母营养不够,身体不好,很是担心。家里没有米;为了让父母吃到米,他必须要到百里之外才能买到米,再背着米赶回家里,奉养双亲。

冬天,冰天雪地,子路顶着鹅毛大雪,踏着河面上的冰,一步一滑地往前走,脚被冻僵了,抱着米袋的双手实在冻得不行,便停下来,放在嘴边暖暖,然后继续赶路。夏天,烈日炎炎,汗流浃背,子路都不停下来歇息一会儿,只为了能早点回家给父母做可口的饭菜;遇到大雨时,子路就把米袋藏在自己的衣服里,宁愿淋湿自己也不让大雨淋到米袋。如此艰辛,子路持之以恒,实在是极其不容易。

后来,子路的父母双双过世,他南下到了楚国。楚王聘他当官,给他很优厚的待遇,一出门就有上百辆马车跟随,每年的俸禄也很多,每天山

55

珍海味不断。但是，子路并没有因为物质条件好转而感到欢喜，反而时常感叹，多么希望父母能在世和他一起过好生活！可是，父母已经不在了，即使他想再负米百里之外奉养双亲，这也是永远不可能的事了。

"树欲静而风不止，子欲养而亲不待"，这是千古以来，多少错过及时行孝者的悔恨哭诉啊！每到清明，人们都要以不同的形式焚香祭祖，寄托哀思。从虔诚庄严的祭拜活动中，人们也发现不少令人费解的世间百态，其中最为人们诟病的是"活着不孝死了孝"。比如，很多老人生前冷冷清清，子女们鲜有到床前伺候，死后儿女们却大肆张罗，先是举行隆重的葬礼，以后每到周年忌日，也往往搞得排场盛大。这种做法不仅花销庞大、铺张浪费，也使"孝"字走了形、变了味。

目前，我国社会老龄化时代到来，正确的"孝道"和"孝行"观念日益成为全社会稳定和谐的重要保障。天下最不能等待的事情莫过于孝敬父母。很多事都可以事后去弥补，而行孝是无法弥补的。现在我们提倡尽孝，关键还是要在父母健在时，让人们普遍树立"及时行孝"的观念。

我们每个人都会有年老的一天，关爱老人就是关爱未来的自己。父母生儿育女，为子女上学、工作、成婚等操劳一世，能在有生之年得到儿女的孝敬，在亲情中颐养天年，是他们最大的期盼和幸福。

现代社会中，年轻人多与父母分开生活，另立门户，又都忙于自己的工作，顾及着自己的三口之家，虽然有孝心，却很少有时间照料老人。他们总想等条件再好点，钱挣得再多点，孩子再大点，再尽孝。时过境迁，等所谓的条件好时，老人也就可能走完了人生旅程，毕竟岁月不等人、不饶人。

我们有句古话说"父母在，不远游；游必有方。"现代社会对于我们这代人来讲，不远游已经是不太可能，但是游必有方还是可以做到的。孝顺父母不能只看物质，精神赡养更为重要，最要紧的是，无论何时，心中都要想着父母。闲时多回家看看，忙时不忘打个电话问问，饭前陪父母谈谈心，饭后帮父母干点活，父母的心里就会觉得无比温暖和欣慰，这比给父母金钱和美味佳肴要甜美得多。等到你认为自己有足够的财力和能力来孝顺的时候，老人已经来日不多或者已经不在了，你有了能力却没有机会了。

郑明有三个哥哥，家里的活从来轮不到他，因此从小就养成了任性、散漫的性格，从小到大一直都不停地为自己的事忙碌着。有时他也想到孝敬父母，不过他一直这样错误地认为，等自己读完书，工作后再尽孝也不晚；工作后，想着等事业有成后再尽孝也不迟；父母还年轻，等他们老了再尽孝也不错。郑明就带着这样的思想一晃自己竟然走过了人生30多年。

上学后，郑明天资聪明，成绩总是名列前茅。老师们都说他是上学的好材料，让父母好好供他上学，因此郑明更是得到父母的宠爱。他一门心思用在学习上，很少下地干活。即使是农忙家里缺人手时，父母也不许他下地干活。

后来，郑明考入了大学，离家远，难得回家，家里的事更不用他管了。再后来，毕业工作了，不在一个城市了，加上工作忙和谈恋爱，郑明甚至有时都会把父母忘记了，一连几个月都不给家里打电话，总是父母的电话打过来，他才想起自己很长时间都没有跟父母联系了。

几年后，郑明结婚生子，有了家，回家更少了，一年也就一两次，每次回家后，都会发现父母比以前更老了，每每看到父母脸上的皱纹，郑明心里都很难受，心想一定要经常回家看看，可是工作一忙，回家的事又给耽搁了。

突然有一天，噩耗传来：父亲病故了。郑明始料未及，他竟未能看到父亲最后一眼。父亲临终前，一直念着他最疼爱的孩子——郑明，惦记着他回家。

得知父亲去世的消息后，郑明愤怒地质问哥哥："父亲生病为什么不告诉我？"哥哥说："咱爸不让告诉你。说你工作刚有起色，怕影响你。"郑明扑倒在父亲的遗体上号啕大哭，却被别人生生拽开，说眼泪不能落到父亲身上，不吉利。

郑明还未曾从失去父亲的悲痛中走出来，半年后，老母亲又大病一场，经医生诊断，得了肾结石，痛得茶饭不思。郑明接到大哥的电话后，立即赶往医院。当母亲从手术室里被推出来时，苍白的脸颊没有一丝血色，郑明握着母亲冰冷的手，不由得泪如雨下，当下决定留下来尽量多陪母亲。病榻前，郑明为母亲喂饭端水，闲暇的时候，陪母亲聊聊天、说说话。同室的病友都夸母亲有福气，生了一个孝顺的儿子，郑明惭愧难当，他亏欠母亲的太多。

病愈后，郑明将母亲接到他那里居住，可是住了一段时间后，母亲就吵闹着要回家，因为在农村老家忙惯了，一下子来到城市，很不适应。看着母亲难受的样子，郑明一点办法都没有。5 年后，母亲虽然在自己的照看下平静地离开了人世，但是郑明心中的痛是永远消逝不了，他一直认为自己不是一个孝子。

以后，每当看到朋友携儿女回老家的时候，郑明就像迷途的孩子再也找不到回家的路。虽然长兄如父般疼爱，但替代不了父母的位置。偶尔办事回老家，看到那渐渐衰败的老屋，往昔承载着欢歌笑语，围绕在双亲面前共话家常的情景在泪眼婆娑中模糊了，失去亲人的苦涩只有他心里明白。

过去了永远追不回来的，是时间；逝去了永远见不到的，是双亲！人生的痛苦就在于对过去太执著，对未来太妄想，对现在视而不见。很多时候，只有失去了才觉得珍贵，然而失去的却再也不能回来。

时间是无情的，生命是脆弱的，不要让行孝成为你终身的遗憾，不要让它成为你喉头哽咽的理由。及时行孝吧！不管你是穷是富，不管你年老年幼，不管你身在何方，别忘了父母的心永远为你敞开，别忘了常回家看看，别忘了看一看已不再年轻的爹娘，趁父母还健在，多多给予温情体贴，多多回报父母的养育之恩，不要让自己留下遗憾。

4.

爱父母，兼爱岳父岳母

一个家庭的和谐、幸福，离不开上下三代的和睦相处，尤其是在对待双方父母的态度上更为关键。对待自己的亲生父母我们可以很自然地去爱他们，对待公公婆婆、岳父岳母，这种爱在很多人的心中显得勉为其难。

正因为这种心理的阻隔，我们对待双方父母的心态也就存在着质的区别。如果我们的亲生父母跟自己发生矛盾，那种不快的情绪会很快消散。但是，如果是对方的父母跟自己发生了矛盾，我们就会心存芥蒂，不能坦诚面对。时间长了，夫妻之间的感情也会受到影响，家庭的和谐也会被冲淡。

夫妻二人组成家庭就会有双方父母，我们能否细想一下：没有对方的父母，又怎么会有你的另一半呢？对方的父母也许只是普通人，但是他们最大的贡献就是生了这么好的一个孩子做你的另一半，可以和你相伴终生！夫妻既然相爱，为什么不能去爱对方的父母呢？

可是生活中，往往事与愿违，暂且不论那纠缠不清的婆媳关系，就连很少见面的岳父岳母，很多做女婿的也未能对他们表示应有的孝心和敬意。在这个问题上，天下所有的女婿应该以伟人毛泽东为楷模。

1949年8月，长沙和平解放后，杨开慧烈士的胞兄杨开智将母亲杨老太太的情况电告毛泽东。毛泽东欣慰不已，当即回电致意。

8月10日，繁忙之中的毛泽东写信给杨开智："来函已悉。老夫人健在，甚慰，敬致祝贺。岸英、岸青均在北京。岸青尚在学习。岸英或可回湘工作，他很想念外祖母。我身体甚好，告老夫人勿念。"

9月，王稼祥的夫人朱仲丽回湖南省亲，毛泽东即托朱仲丽给杨老太太捎去一件皮袄，同时附信一封："杨老太太：你们好吧？现在托朱小姐之便，前来看望你们。一件皮大衣是我送给您的，两件皮料是送给开智夫妇的。"

毛泽东还托朱仲丽向杨老太太转达了自己想接她去北京，亲自照顾老人的想法。老太太谢绝了。

1950年5月，杨老太太八十大寿，毛泽东提前派长子毛岸英回湖南给外婆拜寿，并由毛岸英亲自转交了一封亲笔信："杨老太太尊鉴：欣逢老太太八十大寿，因令小儿回湘致敬，并奉人参、鹿茸、衣料等微物，以表祝贺之忱，尚祈笑纳为幸。永祝康吉！"

毛岸英的到来使杨老太太十分高兴。她对外孙说："别看你爸爸是个大人物，他也有颗平常人的心。"她还说："过去我常给他做些好吃的，现在不能做了。"毛岸英向外婆问长问短，转达其父对老人家的问候和敬意，使老太太获得很大的安慰。

1951年，毛泽东又派次子毛岸青回湘，探望外婆及亲友。

全国供给制改为薪金制后，毛泽东按月给杨老太太寄去生活费，从未间断过，一直到老人去世。

1960年，杨老太太九十寿庆，毛泽东听说杨开慧的堂妹杨开英要回家乡，便给杨开英写信，并交钱给她，嘱其代购礼物贺寿。

1962年春，毛泽东又叫毛岸青、邵华夫妇回湖南看望外婆，并为母亲杨开慧祭扫陵墓。毛岸青、邵华双双回到长沙，带去了父亲对亲人的问候。

同年11月，杨老太太在长沙谢世。噩耗传来，毛泽东十分悲痛，随即发出吊唁函，以表哀悼，并寄上500元，作为杨老太太的安葬费。毛泽东在信中写道："得电惊悉杨老夫人逝世，十分哀痛。望你及你的夫人节哀。寄上500元，以为悼仪、葬仪。可以与杨开慧同志我的亲爱的夫人同穴。我们两家同是一家，是一家，不分彼此。"字里行间，可以体会到毛泽东对杨老太太的牵挂和关怀，对夫人杨开慧的思念。

既然夫妻二人组成了一个家庭，那么对方的父母就是自己的父母，爱对方就要爱对方的父母，也就成了很自然的事。同时，我们还要有这样的心态：因为对方的父母并非我们的亲生父母，我们要给予他们更多一点的关爱，渐渐地让他们把自己当作亲生儿女看待。

爱父母，更爱对方的父母，不仅是孝道，更是一种做人的德行，在构建社会主义和谐社会的今天，值得大力提倡。

宣荣富，"上海市孝亲敬老楷模"、"全国孝亲敬老之星"。他不仅对患有精神疾病的妻子、智障的儿子，不离不弃，而且还数年如一日地悉心照顾眼睛几近失明、生活不能自理的岳母。

多年前，失去老伴的岳母卧床不起，为了更好地照顾老人，宣荣富搬入了岳母家，在老人房间后面搭起了一张单人床。白天，他和妻子一起照顾老人，为老人喂饭，帮助老人洗脸刷牙；晚上，妻子回去照顾患有残疾的儿子，宣荣富就承担起了夜间照料的责任。

一次，岳母生病住进了医院，腿肿得像个白萝卜，大便又出血，自费打针，每针要270元，一共要打6针。老人舍不得，说活着不能动，还要连累你们，不看了。宣荣富从自己家里不多的收入中全部支付了这笔费用，让老人渡过了难关。

还有一次，已是晚上10点多了，岳母突发高烧，腿脚残疾的宣荣富二话没说，背起老人就往医院赶。在医院里，他一跛一跛地跑上跑下，白天为老人做饭，夜里为老人陪夜，一连10多天，直到老人出院。

全家人的生活重担都压在宣荣富一个人身上。但是，再苦不能苦老人，为了买到便宜的蔬果鱼虾，他每天都要在菜场转上好半天。有一年夏天，闷热难忍，为了让老人消暑，他买了3个西瓜。细心的他知道岳母十分节俭，便一个一个地将西瓜拿到房间。

岳母腰椎不好，长年卧床不起，对一次性尿布使用量比较大。由于经济不宽裕，为了能节省些，宣荣富每两周都要骑自行车到批发市场买一次性尿布。他对自己凡事能省则省，但绝不让老人受委屈。一次，他看到一个单位淘汰的沙发椅，便花20元买了下来，老人坐了十分舒服。尽管老人已病了好多年，但从未患过褥疮。

为了能让岳母多看看外面的世界，宣荣富自己设计图纸、买来材料，做成了一辆"宣牌"手推车，推着老人外出散步。后来，他又自己动手，用一辆26英寸自行车改装成了一辆三轮车。

于是，在上海的街头，人们常常能看到这样的一幕：一个残疾的老人，一跛一跛地蹬着一辆破三轮车，三轮车里坐着一位年龄更大的老太太。骑车的老人一边骑车一边介绍,坐在车里的老太太一边听一边点头。看到他们那么亲密,路人都以为他们是母子。他们不是母子,却又胜过母子。

我们可以想象一下,那个画面是多么的温馨。宣荣富的生活是贫困的,不便的腿脚、有病的妻子、残疾的儿子、年迈多病的岳母,这些困难都是常人难以想象的,但是他的家庭却充满着爱,正是因为这份爱,让这个家庭在困难面前无所畏惧。

父母是用来孝敬的;孝敬父母是夫妻俩应尽的义务,是不分丈夫的父母、妻子的父母的。如果夫妻之间不是以对方的爱为爱,不爱对方的父母,那么这种爱也是有缺陷的、不完整的。儿媳孝敬公婆,女婿孝敬岳父母,是天经地义的事,是每个人都应该做到的。

5.

婆媳关系融洽是家庭幸福的保障

自古以来都是"清官难断家务事",婆媳之间的问题可以说是中国家庭中的一个传统难题,即便是在今天,婆媳关系也是家务事中最令人头痛的一环。

现代家庭中,媳妇有独立的社会、政治、经济地位,早已摆脱了"多年的媳妇熬成婆"的艰难现状,甚至有的媳妇一入家门便成了"王熙凤式"的女管家,与婆婆的关系更是水火不相容,这种情况不仅会影响到家庭的运转,而且还会把家庭弄得支离破碎。

丽丽不小心成了先兆流产,在床上躺了两个来月,恨不得吃喝拉撒都在床上了。老公心疼丽丽,特地从老家把公婆请来照顾她。没想到公婆一来，整个家的感觉都没有了。

先不说丽丽和公婆的生活习惯有多么的不同，让人气愤的是，年底时，老公认为父母照看丽丽很辛苦，非要从两人的年终奖里拿5000块钱给父母。事实上，夫妻两人的年终奖加起来也不过才12000，每月的房贷、水电、暖气费用，钱是哗哗地往外流，让本来经济不够宽松的家庭更加紧张起来。

给了公婆钱，丽丽心里就不平衡了："难道不给我的父母？他们难道不用买些年货搞点应酬？给个2000意思一下总行了吧？"老公眼睛一瞪："他们天天伺候你吃喝拉撒，你有没有良心？"

公婆来了，老公像变了个人，以前二人世界，他勤劳体贴开朗，现在，天天回家像大爷，一进门，婆婆递茶端水，公公在厨房里忙得热火朝天。老公的脾气也见长，以前的包容宽大都没有了，丽丽偶尔身体不舒服跟他说两句，他就说丽丽娇气。刚开始，丽丽不明白老公为什么会这样说，直到有一次无意中听见婆婆自言自语："怀个孩子搞得那么金贵，我那时候……"丽丽才知道这话是从哪里来的了。丽丽去跟老公说公婆的不是，老公张口闭口就是"他们伺候你吃喝拉撒，你有没有良心"之类的话，堵得丽丽完全没有办法开口。

丽丽和老公的争吵越来越多了，她想让公婆走，老公认为丽丽是无理取闹、看不起他的父母。分歧越来越大了，夫妻两人终于在一次争吵中不理智地动起了手，关系一下子到了不可调和的地步。最终，丽丽结束了自己的第一次婚姻。

丽丽的第二段婚姻是经朋友介绍的，和李强认识了3个月，觉得他人很好，条件也相当，就火速地拿了证。因为前车之鉴，所以婚前丽丽就跟李强说好，无论如何婚后不跟双方父母住在一起。李强当时答应得也很爽快，可没想到结婚不到半年，他就把父母从乡下接来了。

丽丽害怕第二次婚姻的失败，也没有过分地同老公争执，对公婆的态度很谨慎，时不时地买点小礼物表表心意，丽丽和老公每天下班回家也都有热饭热菜，衣服有人洗，杂物有人收，起先还相安无事，外表看起来很和谐。

可是，时间长了，住在一起，不但有了诸多不便，互相之间，看不顺眼的地方也越来越多。李强的父母都退休了，闲得无事，老是催着他们要孩子，而丽丽和李强赚的钱都不够自己花，哪来的钱养小孩。第一次不小心怀孕了，丽丽毫不犹豫地就打掉了孩子，还生怕家里人知道，连小月子都没坐。李强天天给丽丽买肯德基，就当是天天有鸡汤喝了。第二次，丽丽也是偷偷做掉了。但是，李强嘴巴不紧，说了出去，婆婆的反应十分激烈，当场就冲到丽丽的房里，把他们大骂了一顿，说他们不愿意养孩子就只管生啊，生下来她养，还说丽丽冷酷无情。后来，婆婆居然骂了一个星期。

和公婆有了矛盾，丽丽的爸妈肯定站在女儿这边。言语里对李强也有了诸多的抱怨，李强受了气，自然要冲丽丽出气，两人就开始吵架，一些伤人之类的话随口而出，公婆添油加醋地挑拨，再怎么有感情，再怎么顾及婚姻，丽丽也忍不下去了。

这时，丽丽又一次意外怀孕，她坚决不要，李强只好陪着她去了医院。回到家，又瞒不过公婆，婆婆一听就炸了，当着丽丽的面给了李强一记耳光，骂他不是人，不懂得尊重父母，不孝！总之，什么难听说什么，丽丽觉得婆婆是在指桑骂槐，一气之下，回了娘家。

丽丽回娘家后，李强在母亲的阻拦下一直都没去接丽丽回家。丽丽一气之下，结束了自己的第二段婚姻。

我们不禁为故事中的丽丽感到唏嘘，两次婚姻都因婆媳关系处理不当导致破裂。站在丽丽角度来看，她一定认为自己是两段婚姻的受害者，可是她仔细想过没有，他人的影响只不过是根导火索罢了，真正的原因在于她自己。如果不从自己的身上寻找根源，她的第三次、第四次婚姻还会失败，不管她找谁当爱人，爱人都会有父母的，她都会面临着婆媳关系这道不可逃避的难题。因此，为了不让婚姻重蹈覆辙，丽丽必须学会如何处理婆媳关系。

那么，如何正确处理婆媳关系呢？

其实，这个问题并没有那么复杂，关键要转变观念。公婆是丈夫的亲人，也就是妻子的亲人，归根结底还是要回到"孝"的层面上来。作为媳妇，孝敬公婆是理所当然的，但是对公婆的孝敬一定要有方法，毕竟公婆不如亲生父母一样了解女儿。

要理解婆婆的心情。

在儿子结婚之前，婆婆是唯一与他关系最亲近的女性。现在冷不丁跑出来一个比自己年轻的女人把儿子"抢走了"，俗话说"娶了媳妇忘了娘"，眼看着自己含辛茹苦拉扯大的孩子一心只想着老婆，婆婆心里肯定会有极大的失落感。作为儿媳，要换位思考一下，不要只想着这个男人是你的丈夫，你就要霸占他全部的心思和爱，要记住他首先是婆婆的儿子。作为一位贤惠的媳妇有空的时候要多鼓励丈夫回家陪陪婆婆，或者休息日带着婆婆一起去外面散心，不要让老人觉得连见儿子一面都那么困难。

要谨记自己的角色。

婆婆与亲妈不同，虽然对两者的孝道没有分别，但是母女之间可以没大没小，不论是开玩笑、恶作剧也好，还是有了争执也好，毕竟不会真的影响血缘亲情。婆婆就不一样了，你可以小小地撒娇，但是绝对不能任性耍脾气。一旦出现了矛盾，很可能就会让婆媳关系降到冰点，纵然随着时间的推移情况会有所缓和，但情感上的那条裂缝就不知道是否能真正修补好了。

要把握好对待丈夫的态度。

在婆婆面前，对待丈夫的态度是需要好好琢磨一下的。如果对丈夫太亲昵，婆婆看了会觉得你很不自重，无论二人世界你是如何撒娇，至少在长辈面前应该收敛一点。如果对丈夫很冷淡，或者对丈夫评头论足、指手画脚，婆婆的心里更是难受。自己捧在手心里的宝贝让老婆这样呼来喝去，那得多心疼啊。即便媳妇对她再恭谨，也没办法赢得婆婆的好感了。所以说，媳妇在婆婆面前，一定要给丈夫留足了面子，让婆婆心里得到平衡，同时也要防止婆婆吃醋而不宜有太多的亲密小动作。

要"迎合"婆婆的观念。

婆媳两代人，思想上肯定是会有分歧的。一般来说，年纪大的人讲究节约，买东西图实惠。如果婆婆知道儿媳妇会花钱，她一定会觉得这样的媳妇没办法当好家。其实，如何花钱只是一种生活态度，媳妇们千万不要妄图能够转变婆婆们的消费观。无论是何种物品，只要你觉得它的真实价格超出了婆婆的心理承受范围，那么就在告诉她的时候打个折，只要能够让婆婆不觉得你败家就行了。

勤劳持家。

作为儿媳，平时在家的时候手脚勤快点总是没错的，家务活抢着干，不要嫌自己干得多，认为婆婆干得少之类的。特别是当婆婆要求你干活的时候，千万不要把事情推给老公，这样很容易引起婆婆的反感。总之一句话，家务活尽可能包揽了，多干加巧干，总能赢得婆婆的心。

不要抱有过高的期望值。

很多人在过门之前与准婆婆相处得挺融洽，成家后婆媳关系就不和谐了。原因是，没成家前，大家面上都还是客客气气的，就像你去别人家做客，一定是表现得很得体，可是在日常生活中谁也不可能总是客客气气的，那样倒显得生分了。作为媳妇，不要真的以为婆婆会像亲妈那样无条件地包容、溺爱你。这一点，一定要在结婚那一天就领悟到，否则的话现实与梦想之间的差距会让你很受伤，倒不如一开始就不要抱太大的期望，说不定你们婆媳还可以相处得很融洽。

满足婆婆的"虚荣心"。

老人的思想很简单，也容易得到满足。对于婆婆来说，如果能听到周围人说一句"你家儿子、媳妇真孝顺"，心里就跟吃了蜜似的甜。因此，媳妇们有事没事就多往婆家走动，时不时地给老人添置些物件，比如衣服就是很合适的选择，婆婆穿着儿媳妇买的衣服走出去后，可以博得众人的羡慕，这样可以很容易满足老人的"虚荣心"。老人图的不是媳妇能给他们买多少东西，但从这些物品上他们也能感受到媳妇的孝心，更能增进彼此之间的感情。

要学会忍。

生活中总会有一些争执的事情，这时候"忍"很重要。当发生争执时，做媳妇的一定要面对事实，冷静分析，不先入为主，克制自己的行为和语言，用一颗包容的心对待婆婆，换位思考，理解和体谅对方的难处与苦衷。

当然，婆媳关系并非媳妇的孝心就能解决一切的，还需要老人的正确对待、理解和包容，以及丈夫的从中调解。总之，将心比心，全家总动员，做到"婆媳亲，全家和"。

6.

了解和理解父母

《论语》中有这样一段：

子游问："何为孝？"子曰："今之孝者，是谓能养，至于犬马，皆能有养。不敬，何以别乎？"大意是说，子游问孔子，什么是孝。孔子说，现在所谓的孝，有人理解为只要供养父母就行了，然而狗和马也有人供养，如果对父母没有一片孝敬之心，那赡养父母与饲养狗马又有什么区别呢？

当今社会如何行孝，还得从父母的需求出发。不过，世上又有多少儿女了解父母的想法和理解父母的做法，又有多少儿女愿意去了解和理解父母呢？

可能还有很多做子女的仍然在纠结父母太多的不是，或贫穷，或无知，或自私，或蛮横，甚至于因为这些而怨恨父母；你可曾想过父母的心里话吗？我们很多人小时候被父母打过，有些人至今念念不忘，那就让著名作家毕淑敏告诉你，父母为什么打你，他们打你时心里的想法与感受吧！

有一天与朋友聊天，我说，就是在"文化大革命"中当红卫兵，我也没打过人。我还说，我这一辈子，从没打过人……

你突然插嘴说：妈妈，你经常打一个人，那就是我……

那一瞬屋里很静很静。那一天我继续同客人谈了很多的话，但说所有的话我都心不在焉。孩子，你那固执的一句话，仿佛爬山虎无数细小的卷须，攀满我的整个心灵。

面对你纯正无瑕的眼睛，我要承认：在这个世界上，我只打过一个人。不是偶然，而是经常，不是轻描淡写，而是刻骨铭心。这个人就是你。

在你最小最小的时候，我不曾打你。你那么幼嫩，好像一粒包在菜中的青豌豆。我生怕任何一点儿轻微的碰撞，将你稚弱的生命擦伤。我为你无日无夜地操劳，无怨无悔。面对你熟睡中像合欢一样静谧的额头，我向上苍发誓：我要尽一个母亲所有的力量保护你，直到我从这颗星球上离开的那一天。

你像竹笋一样开始长大。你开始淘气，开始恶作剧……对你摔破盆碗、拆毁玩具、遗失钱币、污脏衣着……我都不曾打过你。我想这对于一个正常而活泼的儿童，都像走路会跌跤一样应该原谅。

第一次打你的起因，已经记不清了。人们对于痛苦的记忆，总是趋向于忘记。总而言之那时你已渐渐懂事，初步具备童年人的智力：它混沌天真又我行我素，它狡黠异常又漏洞百出。你像一匹顽皮的小兽，放任无羁地奔向你向往中的草原，而我则要你接受人类社会公认的法则……为了让你记住并终生遵守它们，在所有的苦口婆心都宣告失败，在所有的夸奖、批评、恐吓以及奖赏都无以奏效之后，我被迫拿出最后一件武器——这就是殴打。

假如你去摸火，火焰灼痛你的手指，这种体验将使你一生不会再去抚摸这种橙红色的抖动如绸的精灵。孩子，我希望虚伪、懦弱、残忍、狡诈这些最肮脏的字眼，当你初次与它们接触时，就感到切肤的疼痛，从此与它们永远隔绝。

我知道打人犯法，但这个世界给了为人父母者一项特殊的赦免——打是爱，世人将这一份特权赋予母亲，当我行使它的时候臂系千钧。

我谨慎地使用殴打，犹如一个穷人使用他最后的金钱。每当打你的时候，我的心都在轻轻颤抖。我一次又一次问自己：是不是到了非打不可的时候？不打他我还有没有其他的办法？只有当所有的努力都归于失败，孩子，我才会举起我的手……

每一次打过你之后，我都要深深地自责。假如惩罚我自身可以使你吸取教训。孩子，我宁愿自罚，哪怕它将强烈 10 倍。但我知道，责罚不可以替代也无法转让，它如同饥馑中的食品，只有你自己嚼碎了咽下去，才会成为你生命体验中的一部分，这道理可能有些深奥，也许要到你也为人父母时，才会理解。

打人是个重体力活儿，它使人肩酸腕痛，好像徒手将 1000 块蜂窝煤搬上 5 楼。于是人们便发明了打人的工具：戒尺、鞋底、鸡毛掸子……

我从不用那些工具。打人的人用了多大的力，便要遭受到同样的反作用力，这是一条力学定律。我愿在打你的同时，我的手指亲自承受力的反弹，遭受与你相等的苦痛。这样我才可以精确地掌握分量。不至于失手将你打得太重。

我几乎毫不犹豫地认为：每打你一次，我感到的痛楚都要比你更为久远更为悠长。因为，重要的不是身累，而是心累……

孩子，我多么不愿打你，可是我不得不打你！我多么不想打你，可是我一定得打你！这一切，只因为我是你的母亲！

孩子，听了你的话，我终于决定不再打你了。因为你已经长大，因为你已经懂了很多的道理。毫不懂道理的婴孩和已经很懂道理的成人，我以为都不必打，因为打是没有用的。唯有对半懂不懂、自以为懂其实不甚懂道理的孩童，才可以打，以助他们快快长大。

孩子，打与不打都是爱，你可懂吗？

我们懂吗？

很多时候我们根本不懂，我们践踏了父母之爱。就如同我们传统文化中常说到"养儿防老"这一理念，其实这是对父母之爱的一种玷污，是一种歪曲。"可怜天下父母心"，父母的爱是最无私的，父母的想法也是最简单的。然而，就是这些简单的爱和想法却被我们复杂化了。

中国古代有诸如抱冰求鲤、割股饲母之类的故事，试想一下，但凡父母如果知道自己的儿女为了自己大冬天的躺在冰上只为自己弄条鱼，割腿上的肉只为让自己有肉吃，父母的心还不疼死。这种做法，对父母而言不是孝，而是一种痛苦。

其实，父母没有很大的愿望，所谓的"望子成龙"、"望女成凤"只是他希望儿女能过得比自己更好而已，平平淡淡地生活，每天和父母在一起共享天伦，哪怕我们没有豪宅，没有房车，父母的心里也是很开心的。

因此，儿女要行孝，首先要了解和理解父母的需求。父母的需求主要有这几个方面：依存需求、自尊需求、求助需求、文娱需求。

针对这些需求，儿女应对父母在人格上多尊重；在精神上多安慰；在生活上多照顾。做到这些，父母自然就会快乐无比。

在父母的眼里，一颗孝心，也是颗平常心。很多时候，在子女眼里根本就无关紧要的细节，在父母心里却可以掀起惊天波澜。哪怕是帮妈妈刷刷筷子洗洗碗，哪怕是替爸爸捶捶后背揉揉肩，老人家都会有极大的满足感。一声问候，一回闲聊，一顿晚餐，一次出游，只要我们有心，和父母在一起的每时每刻，都可以去传递我们的爱。

7.

孝顺有新意：新二十四孝

"找点空闲找点时间，领着孩子常回家看看；带上笑容带上祝愿，陪同爱人常回家看看。妈妈准备了一些唠叨，爸爸张罗了一桌好饭，生活的烦恼跟妈妈说说，工作的事情向爸爸谈谈。常回家看看回家看看，哪怕帮妈妈刷刷筷子洗洗碗，老人不图儿女为家作多大贡献呀；一辈子不容易就图个团团圆圆；常回家看看回家看看，哪怕给爸爸捶捶后背揉揉肩；老人不图儿女为家做多大贡献呀，一辈子总操心就奔个平平安安！"

歌手陈红的一曲《常回家看看》唱红了大江南北，表达了中华儿女对家的那份亲情，以及父母对子女的心声。

是啊！家有父母，做儿女的有何理由不回家？又怎能舍弃对家的牵绊？

在当今社会，忙碌成为现代人生活主旋律，由于平时工作生活频率加快，使不少忙碌的人对家的概念淡化了许多。一天到晚，他们似乎总是在忙；总觉得时间不够用，总觉得没空。于是，越来越多的人忘记了自己的父母；忘记了回家看看。

人们究竟在忙什么呢？忙着工作,忙着交友,忙着上网,忙着应酬。时间久了,大家就采取一种简捷的方法,打一个电话敷衍了事。如果真是忙,工作脱不开身,能牵挂着父母,想着家,打个电话问候问候,交流交流,询问家里也是可以的。最好还是做到常回家看看。父母即便嘴里说不让子女经常回家,在他们心里,却总有一个声音没说出口,那声叹息就是最好的表达就是:"孩子,记住,常回家看看!"

"常回家看看"只不过是父母对儿女孝心的最基本要求。作为儿女,难道我们对父母的孝心仅仅体现在"常回家看看"这一点上吗?

孝敬父母的内容是很多的。我国古人,从不同角度、不同环境行孝的故事,编成《二十四孝》,作为中国古代宣扬儒家思想及孝道的通俗读物。"二十四孝"是中国古代重要的伦理思想之一,千百年来都在影响着中国人。可见,孝的内容是十分丰富的。

随着社会的发展,人的需求发生了变化,当今人们的生存压力,也确实为各种事情所牵绊着,时间越来越少。因此,行孝的方式也应有所改变。

2012 年 8 月,全国妇联老龄工作协调办、全国老龄办、全国心系系列活动组委会,根据现代人的生活,在古老"二十四孝"的基础上传承创新,以平易语言,共同发布了新版"二十四孝"行动标准:

1. 经常带着爱人、子女回家;
2. 节假日尽量与父母共度;
3. 为父母举办生日宴会;
4. 亲自给父母做饭;
5. 每周给父母打个电话;
6. 父母的零花钱不能少;
7. 为父母建立"关爱卡"
8. 仔细聆听父母的往事;
9. 教父母学会上网;
10. 经常为父母拍照;
11. 对父母的爱要说出口;
12. 扫开父母的心结;

13. 支持父母的业余爱好；

14. 支持单身父母再婚；

15. 定期带父母做体检；

16. 为父母购买合适的保险；

17. 常跟父母做交心的沟通；

18. 带父母一起出席重要的活动；

19. 带父母参观你工作的地方；

20. 带父母去旅行或故地重游；

21. 和父母一起锻炼身体；

22. 适当参与父母的活动；

23. 陪父母拜访他们的老朋友；

24. 陪父母看一场老电影。

新版的"二十四孝"更加贴近现代人的生活，提出了新时代孝道的要求。作为儿女，我们究竟为父母做到了多少？

新"二十四孝"并不是条条框框的"指南"，也不是行孝的"硬指标"，这些新标准出台的目的在于鼓励当下的年轻人做好对父母应尽的孝道，只能起到建议作用，具体执行还在于个人。我们应该明白一点，无论标准怎么细化也不为过，尽孝都是我们必须做的。

在现代家庭关系中，对父母尽孝，不外乎三条原则，即合情、合理、合法。子女行孝应以爱心为本，以感情为重，并应设身处地尽力为父母着想，对父母的关怀之情就采取其乐于接受的方式；子女在行孝过程中应适当运用理性，考虑实事，顾全事理；子女行孝应不违反法律，不可因孝父母，而触犯法律。

遵守以上三条原则，具体怎么做，视各个家庭的情况而定。我们可以参考一下娱乐圈一些明星的孝顺小段子，结合新"二十四孝"，思考一下如何尽孝。

周杰伦的孝顺众人皆知，他非常感谢妈妈从小对他的栽培。周杰伦4岁开始学钢琴，妈妈规定他每天练琴两小时，才能做自己的事。在主打歌《听妈妈的话》中，周杰伦把所有感谢及对妈妈的爱写进歌词中，妈妈听到这首歌时，也忍不住落泪。在拍摄电影《满城尽带黄金甲》时，周杰伦戏内戏外都很孝顺，三句话都不离"妈妈"，甚至还说："妈妈让我干什么我就干什么。"

刘德华尽孝的感人事迹受到很多人的肯定，曾获得演艺界"十大孝子"特别奖。演艺界里打拼多年的刘德华一直是圈里公认的工作狂，但对父母的敬孝之情也是从不轻视，无论工作有多忙依然会抽空相约父母共同享乐。刘德华坦言："我有一个好妈妈，我对她很好，可能因为如此，也反映在我的行动上。我答应妈妈不可以学坏，如果她想要什么，我可以买给她；如果她想多请几个工人帮忙，也没问题，我会多吃些妈妈亲手做的菜！"

谢霆锋和父亲谢贤的关系既像朋友，更像兄弟。早些年，由于谢贤生意投资失败，欠下银行巨额的债务，谢霆锋为了帮父亲早日走出困境，毅然决定结束学业，回到香港并与英皇公司签约，替父亲还清债务。谢贤是一个很懂得享受的人，他希望自己的穿着打扮总是走在时代潮流前端，所以经常会到一些名店购买衣服，当然这笔不小的开支要谢霆锋来支付。一次，谢贤又去逛街买衣服，最后结账时，他打电话给谢霆锋，要他来付钱。谢霆锋付过钱后，又请父亲去喝茶。

我们虽然无法同明星一样在金钱上完全满足父母，但是我们可以将孝顺体现在生活的点点滴滴之中。孝顺不是突发奇想的一句"我爱你"，应该渗透在平时，从每天的一点一滴中表现孝心。看过下面的故事，我们就会明白这个道理。

孩子是从偏僻的山村考到县城的重点高中的。一天晚上，他在一本杂志上看到这样一则故事：一个俄罗斯少年骑马冒雨夜行30里地回家看望父母，仅仅说了一句："我爱你们。"竟使父母幸福得差点儿昏倒。

孩子突发奇想：想让父母也狠狠地幸福一次。于是，他一骨碌从床上爬了起来，推出自行车，出了校门就精神抖擞地上路了。

从学校到家有40里地，其中还有不少山路，天空阴沉沉的，月亮也时隐时现，不多会儿，竟下起雨了，雨水顺着孩子的脸颊一个劲地往下淌。孩子并没有被吓倒，只是想快点回家，只想对父母说句："我想你们，特地回来看看。"他想：父母一定会感到幸福的。

孩子冒雨蹬了三个多小时的车，终于一身雨水半身泥的到了家，他急忙敲门，屋里传出了妈妈的声音："谁呀？半夜三更的。"

"妈，是我。"父母一听是儿子的声音，慌了手脚，磕磕碰碰地点亮了油灯，连外套都顾不上披，一个举灯，一个开门。父母看见儿子狼狈的模样，两人的脸都惊恐地变了形："孩子，出什么事了？"

"没什么事，想你们了，回来看看。"孩子很高兴地说。

"什么？半夜三更大老远回来看我们？我们有什么好看的？是不是出什么事了？"妈妈一边说着，一边忙着给孩子收拾衣服。

"孩子，你是不是在学校惹什么事了？"父亲紧皱着双眉，两眼死死地盯着儿子的眼睛，想看出点秘密。

"真没什么事儿，我就是想你们了。"

孩子高兴地睡了。可是，父母却无法安睡。

第二天一早，孩子起来，不见了父亲，就问母亲父亲去哪里了。

"昨晚就走了，还不是因为你不说实话，他放心不下，连夜去学校看看，到底出了什么事？你往后有事要直说，要知道我们是你的爹和妈呀……"

"谁言寸草心，报得三春晖。"在父母的心里，儿女做好自己的事就是对他们最大的孝顺。

现今年轻人行孝不能一成不变，紧守经典的一言一语，需要的是将其内涵精神转化为切合现今社会的需求，要有明确目标去尊敬父母，用心用力增进亲子关系，形成双向的感情发展，更要为自己的生活负责任，以减轻父母养育子女的忧心。

第四章
爱子慈孙:和谐家庭的福德地

　　一个家庭是否和睦,子孙是否兴旺,与堂上老人的福德有着直接的关系。古话说得好:"上慈下才孝。"对于老人来说,不管子女孝不孝,先看自己慈不慈。老人能爱子慈孙,贤德温厚,多行善事,知足常乐,宣扬家风,调和是非,充分发挥自己的余热,不仅能让自己幸福地颐养天年,而且能为家庭多积福德。

1.

家有一老，如有一宝

我国有句俗话："家有一老，如有一宝。"老人不仅是现代和谐家庭不可缺少的一分子，也是创建和谐家庭最宝贵的智慧源泉。

为什么说老人是个"宝"呢？读了下面的这则寓言故事，你就会明白了。

古时候，有一位国王为了培养下一代节省粮食等开支，规定家里不能养老人，所有老人都丢弃在深山让其自生自灭。有个年轻人不忍，便把父亲藏匿在家中。

不久，强大的邻国下了战书，如果三天内回答不了四个问题，便兴师讨伐：一、世上什么东西最宝贵；二、世上什么事情最快乐；三、世上什么味道最美好；四、世上谁的生命最长久？

国王张榜招贤，但未见有人解答。到了第三天，那位把父亲藏在家里的年轻人揭榜给出了答案：一、信为第一财；二、正法最快乐；三、实语第一位；四、智慧命最长。

邻国使者又提出一个新问题，他手里头拿着一块檀木，两头一样大小，问："哪头是头哪头是尾。"国王和大臣都回答不来，年轻人赶紧回家请教父亲，得到"檀木放在水里，沉的是头，浮的是尾"的答案。

邻国使者很满意，接着牵出两匹长得一模一样的白马，问哪匹是母哪匹是崽。年轻人又按照父亲的提示拿草给马吃，认定那匹自己不吃草却把草推向另一匹的白马是母马。

　　强大的邻国被年轻人的智慧所震惊，不敢发兵。国王也重赏了年轻人，当年轻人告诉国王一切都是父亲教给他的时候，国王非常惭愧，下旨恢复敬老养老制度。

　　老年人虽然不再拥有年轻健康的体魄，但是他们拥有年轻人不具备的生活阅历和智慧。千万不要有"年老不中用"的错误想法，更不能把老人赶出家庭。

　　在我国，几代同住的组合家庭较为普遍，据上海一个区的调查，这样的家庭占78%；据北京三个区的调查，比例占81%。不难看出，当前我国城市中的老人同子女生活在一起的占多数。在农村，老人同子女生活在一起的比例，要比城市高。

　　老年人与晚辈们住在一起，在组合家庭中生活，多数人身体尚健康，并不依靠子女照料自己，往往要帮助子女照料下一代，料理家务。他们为子女忙碌，是为了求得自我满足感和情感上的寄托。

　　青青刚结婚时因为没有房子，就和公公婆婆住在了一起。都说婆媳关系不好处，青青也就提前从同事那里取了不少经：平时隔三岔五地往家里买点好吃的；逢年过节除日常生活费外，必定要多给公婆一些零用钱；公公婆婆的生日从不忘记；主动承担一些自己能做的家务。

　　时间久了，公公婆婆都能体谅青青，认为她白天上班，有些事就不让她做了。于是，青青每天上班早出晚归，回家就有热饭热菜端上桌，平时就只承担了饭后洗碗的工作，逢周末也就收拾一下屋子、洗洗衣服。最终，婆婆对青青这个儿媳妇还是比较满意的。几年下来，大家和和睦睦，彼此相安无事。

　　青青怀了宝宝后，公公婆婆总是特别照顾她，听说孕妇吃海鲜好，公公每周就要给她买一次虾，水果也从未间断过；草莓和葡萄上市时，公公见她爱吃，几乎天天都要买上一斤。临产前，婆婆几次陪青青去医院做检查，跑前跑后地缴费拿结果；生产后，婆婆又在医院里端屎倒尿，洗脏衣服，还帮青青擦洗身子；坐月子时，鸡汤、鱼汤、清蒸鸽子和甲鱼，只要能想到的，婆婆都做给青青吃了。

刚带孩子时，青青有很多东西不懂，婆婆就将自己的经验告诉她，有些经验还真管用。转眼间宝宝都一岁多了，长得白白胖胖的，这少不了婆婆的功劳。

有一年，青青查出有胆结石后，婆婆就把自己用的磁化杯给了她，说多喝磁化水可以化石。听医生说金钱草泡水喝也可以化石，婆婆还特意托人从老家弄来了两斤金钱草，洗净后让青青带到单位喝。每天早上，婆婆总是先起床替青青烧好热水、蒸好馒头。

婆婆的细心照顾让青青深深体会到："家有一老，如有一宝！"在朋友们羡慕的目光里，青青心里会升起一种感激之情，她庆幸自己遇到了一个好婆婆，心想："终有一天，我也会老，我也会有媳妇，我一定会像婆婆一样做个儿媳心目中的好婆婆！"

这是一个很普通的家庭。很多家庭中的老人就如青青的公婆一样，为了后代，他们无私奉献。

当老人们不再承担重要的社会劳动后，他们却承担了繁杂的家务劳动，他们将买菜、做饭、看孩子作为乐趣，有兴趣、有劲头，心安理得地为子女服务，同时认为是为社会服务。而这些，往往容易被人忽视。

同时，老人重视子女的成才和前途是重要的一个因素。父母对后辈的期望与教育，并不是到老年才有的，而是孩子一出生就有的，只是到老年期对子女的期望与教育有不同的特点。如果说过去父母对子女的希望主要表现在学习方面，到了老年，父母殷切希望的是他们在工作中责任心强，能取得成就，与领导和同事的关系好，并希望得到提拔与重用。老人多年建立起的社会关系和积累的宝贵经验，也可以给予子女事业上的一定的支持。他们对子女往往千叮咛万嘱咐，关心备至。

此外，还有很多老人经常给予后辈经济支援。有一个调查表明：经常补贴子女的老人占 24％。

以上分析说明，老人对家庭的贡献是巨大的，我们千万不要忽视。即便他们的贡献是微乎其微的，我们也应该为家里有老人而感到高兴，想一下：在现代社会中，三世同堂、四世同堂，是多么幸福的一件事啊！

据报道,一个男人经受不了丧妻丧子的打击,想寻短见,看到一个驼背的老太婆在捡他丢掉的易拉罐,忍不住问:"你没有和儿子一起住?这么晚了还不回家?"老人叹口气说:"我是孤老婆子,哪有儿子?只有一个7岁的小孙子,等着我照顾呢?"男人顿时热泪盈眶,想到父母早亡,现在又妻儿过世,便动情地对老太婆说:"大娘,我也是孤身一人,如您不嫌弃,我可以做您的儿子,照顾您!"从此,三个没有血缘的人组成一个新家庭,男人每天回家叫一声"妈",母亲端来热腾腾的饭菜。有时候男人晚点回家,母亲把饭菜热了又热,手里做着针线活等他。

一个万念俱灰的男人,捡了一个新妈,比捡了一个宝还宝贵,有了一个充满快乐、幸福的家。

如果你的父母还健在,如果你们家有老人,那就好好善待他们吧,他们就是你生命中的"宝",家庭中的"宝"。

2.

知足常乐,颐养天年

人们常说"知足常乐",这一思想源于《老子》:"知足之足,常足矣。""知足常乐,终身不辱。""知足者富。""祸莫大于不知足。"知足,就是满足于已经得到的现状。知足会给人带来快乐,让人有乐观的生活心态。

当代家庭里的老年人大多于 20 世纪五六十年代先后参加工作的,那个时代我国的经济建设才刚刚起步,人们的生活水平并不是很高,很多人拿着几块钱,几十块钱的工资,甚至很多人还有过饿肚子的经历。想想那时候的生活,然后对比一下今天的幸福生活,老人们又有什么不满足的呢?

人过七十古来稀,虽说现在的人寿命延长了,但是人老了毕竟接近了死亡,想开点,高兴点,会让晚年生活过得更加有意义。

知足者常乐，说白了就是"人家骑马我骑驴，回顾身后挑柴汉，比上不足比下有余"。说起来简单，做起来不易。人就是人，不是弥勒佛，想要做到"知足常乐"，没有一定的老庄哲学，没有一定的文化底蕴，没有一定的生活磨难是很难把握自己的。

老李刚从单位退下来，干了一辈子的工作，突然现在没事做了，无限地伤感，总爱回首往事，想想自己一生忙忙碌碌，终究还是一事无成，感叹上天对自己不公。后来，经一位朋友引荐，老李去找一位高人指点，那位高人便说他来年必定会福星高照，大吉大利。于是，老李高高兴兴地回家了。从回家的那天起，他就盼望着鸿运来临，但是没有如他所愿，他便气冲冲地去找那位高人算账。

老李冲高人大声吼道："你不是说我今年有好运的吗？"

"难道不是吗？"高人说。

"是什么呀！家里没人发财，没人当官……一切都是老样子！"

高人说道："只要一家人没病没灾，难道这不是福吗？何必去追求那些身外之物呢？"

老李一想，高人说的也有道理。于是，他向高人鞠了个躬，转身便走了，回家安度自己的晚年。

人都是从自然来的，最终还得回归大自然，这是自然规律。人都会老，都会死，也是自然规律。不管你生前的成就大小，财富多少，谁都无法阻拦自然的规律。知足常乐是一个老年人延年益寿应有的态度。每个人都有自己的理想，也为之奋斗过，无论成还是败，事情都已过去了。

一个人如果不怀着一颗平常心去做事的话，其期望越大，失望也就越大，即使是不失败，也难以有一个好心情。特别是一些从台上走向台下的老人们，一定要解决角色的转变，处理不好这一转变，就会直接影响老年人的心理。

不少快到退休的老年人，总是过分地担心来接替自己位置的人能不能胜任，总是存在这样或那样的顾虑，不能以平常心对人，把顾虑变成了发牢骚,周围的一切在他看来都是那么不顺眼,不尽如人意。结果,时间一久,他们成天浮躁不安,心情不畅,怨声载道。这样做不仅不会带来好的结果,反会越来越糟。这是很多老年人的通病。

人老了,记忆力与感知功能衰退,降低了人的判断力、控制力及反应灵敏性,也降低了他们对社会的适应能力,从而导致老年人心理脆弱,容易产生嫉妒、任性、固执、爱猜忌、好发牢骚及不愿接受新鲜事物的心理,形成所谓的抑郁型、冲动型或猜疑型等类型性格。

俗话说:"愁一愁白了头,笑一笑十年少。"在面对生理上或是心理上的各种不愉快的事情时,老年人尤其要重视心态的调整,遇到不如意的时候尽量做到随遇而安、心胸开阔,想想年轻时候美好的往事,学会全身心地投入到新的环境中,不要拿以前的眼光来看待新的人物和新的事物,这样才能保持心平气和,安度晚年。

田华,原名刘天花,著名表演艺术家。1928年的河北唐县正流行天花,此时降临的她在与病魔抗争中幸运地活了下来,因此有了"刘天花"这个名字。她12岁从家乡走出来,开始了对革命和艺术的追求,从此,她有了一个新名字———依照"天花"的谐音而取的艺名"田华"。

在田华几十年的表演艺术生涯中,她演过《白毛女》里在苦海中挣扎的喜儿、《党的女儿》中对党赤胆忠心的李玉梅、《秘密图纸》里机智果敢的侦察员、《江山多娇》里勤劳朴实的农村姑娘等,各种让人难以忘怀的角色。

田华曾任八一电影制片厂演员剧团的团长、全国妇联委员、文联委员、影协理事,退休后,仍然有很多社会活动。但是,她却总是一副精气神儿十足的样子。

关于自己的养生之道,田华说到了一副对联,上联是:比上很不足。下联是:比下很有余。横批:知足常乐。她认为,"老有所养,老有所乐,老有所学,老有所为",老年人要保持健康的身体和心态,最好的方法就是学会适应社会,干点力所能及的事。心理养生也很重要。心理养生,就是从精神上保持良好状态,以保障机体功能的正常发挥,达到防病健身、延年益寿的目的。心理养生主要应淡泊、乐观、善良、宽容。

田华喜欢和年轻人多交流。她认为年轻人的朝气会感染老人，他们的欢笑更会感染老人。心情好了，身体就不容易衰老。

田华有一套自己的锻炼方法。坐时、躺时就顺便支支腿脚、胳膊；在艺术学校闲着的时候就爬爬楼梯。每天她都坚持念绕口令。她认为，老年人不宜剧烈运动，活动方法也应因人而异。

满头银发的田华虽然八十多了，仍然喜欢穿红色的衣服。她说，一个人的生命会走向衰老，但一个人的心应该永远年轻。

老年人的心理和身体都比年轻时差了，即便如此他们仍然可以像田华一样做些力所能及的事，这样不会累坏身体，反而有益于身体健康。

有研究表明，人体之所以能够维持正常的功能状态，全在于全身气血的循环流动。有些老年人认为，辛苦了一辈子，到了退休一定要好好休息，什么都不做，吃好睡好就可以了，其实这是一种错误的观念。老人完全可以适当地参加一些运动。

运动不仅有利于躯体的运动，也有利于心理的运动。躯体的运动，如做家务、外出散步等，这些是人们容易理解的；但是心理方面的运动往往让人难以理解，也容易被忽视。心理活动方面指的是思维的运动和学习。例如，西北大汉在繁重的体力劳动之余，为什么还要唱几句信天游呢？是因为他们想把心中的烦闷唱出来，这就是心理活动的写照。对老年人而言，心理活动相当重要，我们常说的老年痴呆症就是因为老年人不能正常思维的一种疾病。所以，老年人除了做一些力所能及的事，还要维持正常的心理思维活动。

老年人还要学会欣赏，只有懂得欣赏的人才会热爱生活、热爱人生、热爱自然。"夕阳无限好"，作为老年人"只是近黄昏"，死亡是最终的问题。在这越来越有限的时间里，为什么不利用这大好的时光，好好欣赏一下这个世界呢？学会欣赏，善于欣赏，不失为一条较好的保健方法。

当然，不是每个人都那么乐观，我们要培养积极的心态，正确认识死亡，敢于面对死亡，这样才能怀着一种顺其自然的美好心情。懂得自我调节的老年人，生活依旧有情趣，反之，不太会自我调节的老年人，就会产生孤独感和自卑感。

"高官不如高薪,高薪不如高寿,高寿不如高兴。"烦恼之人容易老,放着快活不会享,何苦自己寻烦恼。"乐观大度心地宽,烦事少添,病也少添。快快乐乐享晚年,不是神仙,胜似神仙。"快乐属于每一个善于调整自己的人。快乐是自找的,烦恼也是自找的。只要内心有了快乐,善于发现和开发,快乐就会繁殖和扩展,心中常乐寿自高!

3.

儿孙自有儿孙福

在我国闽南农村,一直流传着这样一个故事:

明朝宣德年间,江西永丰有个秀才叫罗善平,因家境贫寒以及科场失意,只得远离家乡亲人到外地当私塾先生。罗秀才家有妻子和一个儿子。妻子是当地有名的大家闺秀,知书识礼,十分贤惠。儿子叫罗伦,还很幼小。由于山川阻隔,路途遥远,罗秀才平时很少回家探亲,家里一切事务,全由妻子料理。

转眼间,罗善平的儿子罗伦已经长到七岁了。这年岁末,罗善平满怀喜悦的心情从外地回家过年,他见儿子慢慢长大了,就想让他先学习对句子,然后再送他入村里的私塾读书,继续深造,将来求取功名,好光宗耀祖。

但是,罗伦平日总是跟着母亲忙家务,从没学过对对子的方法,结果对出来的句子不是离题万里,就是令人啼笑皆非。罗善平顿时感到心灰意懒,既怨恨自己与科举成名毫无缘分,又错误地责怪儿子是头脑不开窍的低能儿,眼见日后前途无望,经过再三思虑,终于抛妻别子,出家当和尚去了。

罗善平的突然出走,给这个原本就十分贫穷的农村家庭带来很大的打击。起初，妻子十分悲伤，整天以泪洗面，后来渐渐地想开了，就坚强起来，毅然挑起家庭重担。她除日夜辛勤地纺纱织布外，还千方百计教导儿子，开发他的智力。

罗伦年纪虽小，却非常争气，每天上山砍柴放牛时，身边总带着书本，认真刻苦学习。长大后，由于得到名师的教诲与指点，进步更快。二十五岁时，罗伦考中举人，后来又往京都参加会试、殿试，结果高中状元，官拜翰林修撰之职。

在罗伦中举后的那一年，为答谢母恩，他便给母亲做生日。消息传开后，离家十八载的罗善平喜出望外，迅速回家探访。当他回家时，看门的人不认识他，便入内报说有一个和尚前来化缘。罗伦的母亲便慷慨地吩咐拿出一千文钱捐赠给他。谁知，那和尚一直摇手，口中念道："阿弥陀佛，善哉，善哉！"

看门人再进去禀报，罗伦母亲以为那和尚嫌少，又吩咐再加一斗米给他。那和尚仍然不肯接受，但求亲眼看看新科举人的模样。正当看门的人左右为难时，恰好罗举人从大厅里走出来，和尚便抓紧时机把他认真地端详了一番。

待罗举人入内后，和尚又提出要求："有话想和罗太夫人当面说说。"看门的人认为男女授受不亲，这和尚也太不识相了，竟有如此非分之想，不予理睬。和尚无法，最后只得求取笔墨，让他留言。看门的人很不情愿地满足了他。

和尚提笔在墙壁上题了一首诗："离别家乡十八秋，千钱斗米我不收；儿孙自有儿孙福，莫为儿孙作马牛。"

和尚题之后，安然转身而走，一直没有回头。后来，罗伦和他的母亲获悉情况，赶紧来到大门口，看到这首题诗后，大吃一惊，原来这个和尚正是他们日夜思念的至亲之人，遂嘱咐家人四处寻找，可那和尚早已不知去向。

后来，罗伦被贬到泉州任市舶司副提举。在泉期间，他多次亲自讲授理学，对泉州文化教育作过重大的贡献，被人们尊称为"一峰先生"。因此，"儿孙自有儿孙福"的故事也就在闽南地区流传下来。

罗秀才说得好："儿孙自有儿孙福，莫为儿孙作马牛。"儿孙的智力和前程有其自身发展规律，长辈只能因势引导，没有必要事事都替孩子去做，每个人都有自己的人生道路，如果一个人的一生没有奋斗，那么他的一生就不是真正的人生，如果一个人的一生只是坐享其成，那么他的一生就是没有意义的一生。

试问，在当代中国家庭中，又有多少老人能做到这一点？孩子18岁成年之后，父母们还得忙活着给儿女张罗结婚、买房子，甚至带孩子，一直到老死都放不下。不是有句话说"哪怕你50岁，在父母面前永远是孩子吗？"

老李夫妇和老张夫妇住对门，都是刚退休，两家各有一个年龄相仿的儿子，都是独子。

老李的儿子出生后，他好像并没有给予什么特别的照顾。孩子玩闹的时候，他经常像没看到一样。孩子跌跟头，他也不去扶一把。大冷的天，儿子穿着单薄的衣服在外面玩，冻得直流鼻涕，老李却说没事，说孩子从小就得冻一冻，将来长大了身体才会结实。等儿子上了学，老李就让他自己骑车上下学。但是，老李的孩子从小就有出息，成绩好，还特别孝顺，大学毕业后自己开公司，经营得不错，一有空就带着老爸老妈到处旅游，出国玩了好几次。

老张正好相反，儿子从小被他关在家里，捂得严严实实难得出门。老张宠孩子在邻里之间是出了名的，孩子要什么给什么，就连儿子上下学，老张也是风雨无阻地接送，一直到儿子高中毕业。老张越是放心不下儿子，儿子就越是离不开他。孩子打小体弱多病，成绩也不好，最后勉强读了个大专，生活自理能力特别差，害得老张夫妻俩隔三岔五坐车到学校为他料理生活琐事。后来，儿子总算毕业了，连着几年没找着正经工作，还是老张到处求爷爷告奶奶的，才算给儿子找了份稳定的工作。

这天，老李和老张聊上了。

老张愁眉苦脸地说："我那儿子啊，前些日子谈了个女朋友，就把我们忘到脑后，从来想不起主动问候我们老两口，只有没钱用了才打电话来。现在，又让我给他买房子，照这样下去，等他结婚成了家，我们还得去给他烧饭带孩子，这日子啥时是个头啊？"

老李笑道："你这是自找苦吃。老话说儿孙自有儿孙福，可你对孩子从小到大从来就没有放过手，啥事都给他安排得好好的，你让儿子干什么？还不全赖在你这个老爸身上？他想结婚可以，那就让他自己挣钱买房，你又不能包下他一辈子的事。你平时就替孩子操心操得太多，不该管的也操心，这下好了，你有了永远也操不完的心。"

老张若有所思，但又不明白自己到底做错了什么。他想，哪个做父母的不爱自己的孩子啊？多给孩子一点爱，有何不对？他觉得自己没错。

又过了两三年，老李和老张的儿子各自结婚生子，不同的是，老张夫妻俩已去儿子那里，做起了全天候保姆；而老李的儿子，每个月都会开车带着妻子和孩子回来，看望老爸老妈。

现实生活中，很多人就跟老张一样，最挂念的常常是儿孙，将对儿孙的牵挂当成自己一生的责任。

作为长辈，一步步迈向老人的行列，照顾好自己的身体才是最大的福分，自己身体健康不给儿孙带去麻烦就是儿孙最大的福。至于儿孙过得或幸福，或痛苦，或富有，或贫穷，已经不是老人所能左右或预知的。而且，儿孙作为独立的个体，他们有能力去掌握自己的前途与命运。

作为长辈也不能因"儿孙自有儿孙福"，而全然不顾自己的后代。老人们在善待自己的同时，还要从实际出发，量入为出，善待家人，善待儿孙，只有家庭和睦，儿孙孝顺，自己的晚年才会真正幸福。

4.

调和一家不生是非

处理好家庭中的人际关系,是老年人的一大幸福和乐趣。

家庭关系是简单而又复杂的,对老人而言,无非老年夫妻关系、与子女之间的关系,如果是三代同堂的话,还包括祖孙关系。在调和这些关系时,老人们一定要遵守两个原则:一是要守本分,二是不能过分。

人到老年,朝夕相处的不是别人,而是配偶。如果夫妻不和,经常吵架,对老人的心情和健康影响很大。老年人要有意识地处理好夫妻关系。老年人的夫妻关系,也是家庭关系中最好处理的。

几十年的夫妻感情,到老了自然深厚。老年夫妇更应该比年轻人懂得体谅对方,不要指责;懂得照顾对方,不要只顾自己;懂得忍让,不要争强好斗;懂得控制自己的情绪,不要随便发脾气。

老人与子女的关系是最重要,也是最不好处理的关系。

老人与子女同住的家庭多数很和谐,也有矛盾重重、争吵不休的。有些老人对子女非常失望,似乎自己对教育子女无能为力,有孺子不可教的心理。在这种情况下,做父母的就应想得开一些,要求子女总是像小时候那样离不开父母,这是不现实的。老人应该明白:一个人在小时候,父母在他们心里是第一位;当他们长大成人找到了配偶,父母就降到第二位;有了孩子后,父母就降到了第三位。这是人的一个规律,明白了这个规律,老人们就会心安理得了。

在社会变革比较剧烈的时候,由于价值观、道德观、生活经历、生活方式和要求等的不同,两代人的矛盾比较尖锐,这就需要双方沟通思想,谈谈心,讨论一些问题。老人要循循善诱地摆道理,要耐心听取不同意见,吸取合理的意见,达到思想认识上的一致。

在这一层关系中,特别需要强调的是婆媳关系。婆婆也是由当年的媳妇慢慢熬出来的,是最能够体会媳妇心情和处境的那个人。假如小两口闹别扭了，千万不能因为心疼自己的孩子就一味帮助儿子数落媳妇的不是。夫妻之间小打小闹都是正常的，用不了多久自动就和好了。倘若婆婆从中煽风点火，只怕日后这婆媳关系会更加势同水火。聪明的婆婆应该明白"不聋不痴，不做家翁"的道理。家里出现矛盾时，公婆要尽量替媳妇撑腰，相信媳妇一定会感动的。

父母对儿媳或女婿应该有对子女一样的感情，事实上，媳、婿不是自己从小抚养长大，要做到这一点，是比较困难的。这个矛盾如何解决呢？为了继续爱自己的子女就必须爱媳、婿，自己应注意调节情感，并且彼此忍让、互相体谅。

老舍笔下四世同堂的共同生活在当今社会是很少见了，但是三世同堂的家庭模式还是比较普遍的现象。在这样的家庭中，老人同孙辈们的关系如何，直接影响着与儿女的关系，关系着家庭的和睦。

任何老人对孙辈都宠爱有加的，不过还要注意对孙辈的教育，不能过分溺爱。老人们对第三代的教育和生活护理，往往与第二代不一致，这也是矛盾的触发点。因此，这一点是不能忽视的。

老年人除了上述家庭人际关系外，还有与亲朋的关系、同事、同学的关系、邻里的关系。这些关系的调和，要受人际吸引的因素制约。老年人由于行动不便，邻里关系的和睦显得特别重要。与邻居相处，应该乐于相助，视同亲友。

总之，老年人在家庭中要尽量做到不摆老资格，子女的事少干涉，放手让位给后辈来当家；不管家里出现什么矛盾，都不造是非，不说是非，不传是非，不听是非，要担当是非，不怕是非，最终让一家不生是非，保持家庭和睦，这就是老年人的幸福和乐趣，从而提高老年人的寿命，延年益寿。

5.

多行善事,庇福子孙

《易经》中有"积善之家,必有余庆"的名句。自古以来,为人父母的,自然要为子孙着想,但是到底如何为后代着想,如何为人之父辈祖辈,到底该给子孙后代留下些什么? 面对这些,聪明的老人和愚蠢的老人做法有着千差万别。

一家是否发达,子孙是否兴旺,与堂上老人有无善根福德直接有关。老人有德,子孙兴旺;老人缺德,一家遭殃,家道不兴,香火衰败。

明朝末年,战乱不断,人们生活过得极其艰辛。在安徽桐城,有一位张老员外,心存慈善,喜欢施舍有困难的人。

有一年,荒年欠收,米价上涨,一些狡猾奸诈的商人看到这个情形,反而把米粮囤积起来,不肯出售,在老百姓中引起了大恐慌。官员们虽然向朝廷报告了灾情,但是朝廷腐败无能,一直没有得到回复和拨粮。

张老员外看到这个情形,很是忧急。他家里有存米万石,为的让百姓们有米吃,他便自动地举行平粜,照市减价出售,每人每日,限购一升,以防奸人套买图利。大家听了这个消息,当然是欣喜若狂。

张老员外又想到一般贫苦的人,没有钱买米,仍然在挨饿,于是又办了一个施粥厂。受施的人隔天领餐券,统计了人数,煮着大量的粥,按照餐券发送。一日三餐,每餐白粥一大碗,咸菜一小碟。许多人空着肚子来,吃得饱饱地回去。大家都称颂张老员外是个"活菩萨"。老员外却谦虚地说:"荒年米价贵,减半出售已和平时全价相等,所以我也没有什么损失,至于施粥,也所费有限,只要大家都有饭吃,我就觉得很安慰了。"

张老员外不断地平粜施粥，家里的钱也渐渐用完了，但是，歉收的现象不可能马上平复，做善事当然不能半途中止，因此老员外心里十分焦急。他想："我这时候如果把救济的事停了，一般贫民就会有饿死的可能，那我当初的救济不就等于白费了吗？救人须救到底，现在我还有一部分家产，何不变卖了家产，继续救济乡里才是！"

想定了主意，张老员外便去和夫人商量。他的夫人也是十分贤德的，听了他的话，非常赞成，并且说："积存产业给子孙，如果不是积德，万一子孙不成才、没出息，就算是金山银山也会用尽，如果积德给子孙，虽没有留家产给他们，但将来子孙好，还是会富裕起来的！田地房屋，就由相公做主变卖，我也有许多珠宝首饰也一起卖了吧！"员外称赞道："夫人的话，说得真有理！"于是，两人变卖产业，继续善事，直到饥荒的现象消除了才停止。

张老员外过世后，他的善行世代相传，子孙们以此效仿，时刻注意自己的德行，到了第五代子孙张英，做到了宰相之职，张英的儿子张廷玉，也继续着父亲的职位，子孙也累代显荣，时享官禄。人们都说，这是老员外救济乡里的人所积的德，才能让世代的子孙，享受祖先福分。

过去我们常说"三十年河东，三十年河西"，现在要不了三十年，甚至七八年就河东河西了。谁都不能保证自己能荣华一生，谁都不知道自己将来会遇到什么事情，唯有乘自己有能力时多帮助别人，多行善事，只能这样，当自己或后人有危难之时别人才会帮你们。所以，广积善缘好处是非常多的。

现在很多老人给子孙后代留下的钱倒是不少，反而容易使后代好逸恶劳，容易造就败家子。不如少留些钱给后代，多拿些钱做善事，反而对后代更好。首先，这种做法不易造就败家子；其次，你帮助的那些人将来他们或者他们的子女有出息了回报给你的子女会更多，这样一来，如果你的子女要想发展事业会比别人更容易，你付出的反而会得到更多回报，这才是真正的爱护子女的方式。

"积金遗于子孙，子孙未必能守；积书遗于子孙，子孙未必能读；不如积阴德于冥冥之中，此万世传家之宝训也。"祖辈积德，才会出贵子，祖辈缺德，就容易出不肖子孙，钱总是会花光的，所以不如把钱转化为阴德，也不用过分考虑留多少给子孙，这是对子孙最好的庇福。

6.

充分发挥自己的余热

我国一直提倡"老有所养、老有所医、老有所教、老有所学、老有所为、老有所乐"，随着社会的发展，现代家庭中越来越多的老年人并不安于在家"享受清福"，更多的人则是把目光投向社会，用自己长年积累的知识、技能和经验，继续为我国社会主义物质文明和精神文明建设作出新的贡献。这种养老方式，便是我们常说的"老有所为"。

"老有所为"，是老年人本能的要求和愿望，老人的这种要求和愿望并不一定非要转化成对社会的直接贡献，对于老年人而言，一切有利于自己的身心健康，有利于社会的言行，都是"老有所为"的可贵表现。

陈白沙，原名献章，明代著名的理学家、教育家、书法家、诗人，号称"岭南第一人"，并创立了"江门学派"。

陈白沙晚年过起了自认为"既买锄头又买书，半为农者半为儒"的生活。他提出了"以自然为宗"的学术宗旨及不离日用、于时事处现"本心"，"天地我立，万化我出，宇宙在我"的理论，最终完成了其心学的思想体系。

陈白沙晚年"持正义、爱黎民、轻富贵、安清贫"，广纳学生，以身传教，以德化人，带出了数千弟子。他晚年最得意的弟子和学术继承人是后来身兼礼、吏、兵三部尚书职务的重臣湛若水。

陈白沙晚年还发明并使用茅龙笔，其字体书法苍劲有力，别具风格。"白沙书法"的出现，一洗元代以来柔弱萎靡的书风，使明代书法为之改观。这是陈白沙在书法造诣上的一个贡献。

中国历史上同陈白沙一样老有所为的大有人在。在我国南宋时期，大诗人陆游85岁高龄时已经难以再干农活，于是他有诗云："老人不复事农桑，点数鸡啄亦未忘。"看好家中的鸡和猪，这不也是对家庭的一点贡献吗！

如果不具有专业的技能和高深的知识，更多的老人在社会上发挥的作用是有限的，他们的作用大多体现在家庭之中。比如，带头遵纪守法，为后代讲民族美德和光荣传统，做点力所能及的家务事，也应看做是"老有所为"。

俗话说："上梁不正下梁歪，中梁不正倒下来。"老人曾是一家的主心骨，虽然退居二线，但是仍然起到表率作用。许多老人长期受到党的教育和革命工作的熏陶，又经过数十年的风风雨雨，有过正反两方面的经验教训。作为长者，他们对下一辈具备了言传与身教的本钱，要能恪守晚节，给配偶和子女树立了一个良好的形象，起到好的表率作用。

老人的督促作用是他人难以取代的。老人熟悉党的方针政策，了解政府法律法规。他们反应敏锐，头脑清醒。子女们一旦出现越规行为，老人事先能及时加以教育，防微杜渐；事后能亡羊补牢，循规蹈矩，并教育晚辈们引以为戒。同时，晚辈们可及时向老人请教，把问题消灭在萌芽状态，防患于未然。

老人的协调作用是家庭不可缺少的。作为一家的长者，老人有经验，有资历，有威望，说出话来，晚辈一般能听从。当家庭遇到矛盾时，老人出面协调，容易化解矛盾，平息风波，使家庭上下团结一致，子女之间和睦相处。如果家中没有了主心骨，就容易形成一盘散沙，各吹各的号，各唱各的调。

老人的辅助作用是家庭不容忽略的。在现代家庭中，老人最主要的作用还是对家庭的辅助作用。老人离退休后，时间相对宽裕了，子女们每天要上班，孙子辈要上学，一些家务活往往缺少人手。在这种情况下，老人可以力所能及地帮上一把，既做了家务，又活动身体，也是对子女们工作和学习的最大支持。特别是在农村，由于年轻人都外出打工去了，很多地方出现老人与孩子留守相依为命的家庭,老人在家照料孩子和接送上学,在这样的家庭中,老人的作用更加重要。

此外,老人还能起到凝聚的作用。富有权威性的老人,在家庭中是一面旗帜,具有较强的凝聚作用。现实中,老人在世时,儿女们都会经常聚在一起,有喜往家报,有忧往家吐,有难向家发,有灾回家躲。老人们可以充分利用这种凝聚作用,更好地对晚辈进行教育、引导,使"家和万事兴"的传家宝代代相传。一旦老人走了,兄弟姐妹相互走动的频率明显降低了,有的甚至反目成仇。由此可见,老年人的凝聚作用是社会教育的重要组成部分,也是家庭和睦的磁铁。

"老有所为"是国家和人们对老年人的鼓励,不是给老年人的任务。因此,老年人"老有所为"应该是"量力而为",是促进健康快乐之为,余热生辉之为,实事求是之为,不量力而为之对健康快乐无益。

作家廖沫沙有首诗说:"八十不称老,七十尚年小,人生满百岁,正是风光好。"老人们虽然失去了春天的鲜艳,但仍然有秋天的丰盈,风光正好。只要老人们愿意发挥余热,就一定能在家庭这块阵地上为构建和谐社会,绘出美丽的画卷。

第五章

教子有方：和谐家庭的智慧学

儿女是家庭的未来，和谐家庭则是儿女身心健康成长的摇篮。现代家庭对孩子的教育往往会出现两种情况：太过严厉或者过于溺爱。两者都不可取，太过严厉欲速则不达，过于溺爱儿女难以成才，最终都将影响家庭的和谐。好父母胜过好老师，准确把握儿女教育，是创建和谐家庭的智慧学。

1.

儿女都是家庭的希望

2008 年 5 月 12 日 14 时 28 分，四川汶川、北川等地，发生 8 级强震，大地颤抖，山河移位，满目疮痍，生离死别，转眼间无数的家庭毁灭，无数的孩子被埋，无数的人们陷入绝望……

悲痛不可能是生活的全部，生活依然要继续。很快，家园重建，新人结合，家庭重组，地震中人们无非想给自己找一个继续活下去的理由，而孩子则是未来的希望。于是，很多人在失去孩子后又有了孩子，从而重新支起了生命的希望之帆。

这些重新有了孩子的家庭是不幸中的万幸，但是，还有一些人为了心中的希望，甚至不顾大地震中侥幸保存下来的生命。据悉，北川当地再孕妈妈都超过 35 岁，属于高龄产妇，截至 2009 年 1 月底的统计数据显示，51 例再孕妈妈中有 3 例流产。而都江堰市计生局 2008 年年底统计显示，当地符合震后再生育政策的共 800 多个家庭，当时已怀孕妇女达 130 余名，其中 90%都是高龄产妇，最小的 32 岁，最大的 43 岁。

这些大龄妈妈们冒着生死的危险再次生育孩子，就是为了给家庭一个希望，也给自己一个希望。同样的故事，在 2010 年玉树大地震中也发生过。地震中，一名叫巴桑文毛的女子被埋在废墟下，所幸被武警玉树县中队的官兵们及时救出。第二天，一个可爱活泼的小生命得以来到这个世界，武警官兵给这个孩子起了个汉语名字——"小希望"。

每个儿女都是父母的"小希望"。对于这些从死亡中逃生的人们来说，儿女是他们生存的希望，对于儿女他们没有什么具体的要求，只是希望儿女们能快乐地生活着，自己每天能看到他们就是人生最大的幸福。

　　与经过劫难的人们想法不同的是，中国更多的普通老百姓不仅将孩子视为一家的希望，而且将孩子看做一家的未来，孩子承载着无数的爱，也承载着巨大的责任和义务。有些父母甚至在孩子出生之前，就开始憧憬着未来宝贝的模样，希望自己的宝宝漂亮、聪明、健康，幻想他将来成为什么样的人物，探讨用什么样的方法去培养他。当孩子出生后，初为父母的人们更是满怀激动地端详着自己创造的可爱生命，心中充满着甜蜜，暗暗发誓要让孩子拥有自己所能奉献的一切，愿意付出所有将他塑造得更加完美。随着孩子的长大，父母对他们表现出的每一样才能都惊喜不已，然后欢欣而郑重地商讨孩子未来的发展方向。

　　父母所有美好愿望和期冀都十分可贵，也是成为好父母、培养出好孩子的前提。只是有时候，望子成龙心切的家长难免一厢情愿，使期望脱离了现实的基础，为孩子设定了很多扭曲的目标。孩子是父母爱的寄托和快乐的源泉，但不应是生活的全部。

　　生活中，有些家长希望孩子继承自己的某些性格优点或是具备自己所欠缺的特质；有些家长希望孩子子承父业，或是从事自己曾经梦想却未能如愿的事业。父母的期望，不知不觉地背负在孩子的肩上，如果孩子恰好能如父母所愿，皆大欢喜。如果孩子并不想或不能成为父母所希望的，孩子会承受巨大的心理负担和不必要的内疚，父母则体味着无尽的失落，无论是孩子还是父母都不快乐。

　　与其这样，为什么不顺其自然，让孩子沿着他自己的轨迹运行，施展他最擅长的才能，发挥他自己的个性呢？孩子长大后究竟会成为什么样的人，不是父母的心愿所能控制的，孩子最适合干什么，取决于他自己的个性、兴趣、特长，还有环境和机遇。

　　没有哪位家长不希望自己的孩子将来有出息。我们必须弄明白一个问题：什么才算是有出息，成名成家？执政当官？身家百万？每个人的理解各不相同。很多家长在谈论孩子的出息时，多半是指孩子未来的学业发展和事业走向，淡化了孩子的健康和品德养成。只有孩子患了重病，家长才真正意识到身体和心理健康的难得。直到孩子犯了大错，家长才认识到性格和品德的培养多么重要。

　　做父母的永远不要忘记：孩子健壮的体魄、良好的性格和高尚的品质就是成就，就是出息，这才是最值得我们去为之努力和珍惜的。想想地震中失去孩子的父母们，他们唯一的希望就是能看见自己的孩子！

孩子虽小，也是一个独立的个体。有些家长却将孩子视作自己创作的产品，孩子相貌、学习成绩、所得的奖项成了家长与朋友、同事、亲戚攀比、炫耀的资本。孩子不愿意或表现不好，家长就生气，责备孩子。这样的做法实际上是忽视了孩子的独立人格，把孩子看做自己的附属品，十分不利于孩子的自信和自尊的培养。

不是所有的孩子都能轻松地满足父母的愿望，很多孩子最终在经历了多次打击和失望之后，会觉得没有了那些成就自己毫无价值。家长也会因失望而怨恨，甚至惩罚孩子。父母与孩子之间难以建立爱的纽带。

现代家庭中孩子确实是未来的希望，但是更多的父母将孩子视为自己的期望，视为自己对未来的一种投资，为孩子加上了无形的环，严重影响了亲子关系和家庭的和谐。

儿女是美好的，希望是美好的，不需要掺杂更多的世俗在其中，就如胡适诗中所写的那样："我从山中来，带的兰花草。种在小园中，希望花开好。一日望一回，望到花时过。急坏看花人，苞也无一个。眼看秋天到，移花供在家。明年春风回，祝汝满盆花。"

2.

教育好孩子是家庭和谐大计

每个孩子都是一个家庭的希望，也是社会进步的重要储备力量。把孩子培养成才，是每个家庭最大的财富与幸福，也是民族发展的动力所在。培养孩子是父母的职责。

父母虽然不能对孩子提出过分期盼，过度干涉孩子的独立人格，为孩子设计人生，但是不能不正确地教育孩子，更不能任其放任自流。有孩子而不教育的家庭，未来必然是一个贫穷的家庭。有儿童而不教育的民族，未来必然是一个落后的民族。

研究表明,孩子的成长结果完全出自于他的教育环境和教育主题。如果教育环境好,教育主题符合孩子的本土意象,孩子必然成长为杰出的人,反之则成为不成功的人。教育一个成功的孩子,是家庭和谐大计,教育一个不成功的孩子,则是家庭的悲剧,父母付出了爱,而回收的有可能是仇恨,这是人世间最痛苦的感受。

> 月月从小生活在一个普通的家庭里,父母为了给他创造一个物质富足的成长环境,为了事业赢得更多时间,他们把月月送到寄宿机构。
>
> 父母创业的道路是艰辛的,长年奔波在外,有时甚至一两个月才能见到月月。为了不让内心过于愧疚,每次见孩子时,父母总会给月月带去各种吃的和玩的东西,月月有什么要求,也会尽力满足。
>
> 功夫不负有心人,父母终于创业成功了,有了自己的公司,不用在外奔波了。事业稳定后,父母想要好好补偿一下孩子。这时,月月到了上高一的年龄,父母四处打通关系,希望儿子能上最好的高中,当父母将一切都打理妥当后,月月却冷冰冰地告诉父母:"我不再上学了。"从此,月月每天与网络为伴,跟父母毫无言语。
>
> 父母很着急,每天善语相劝,刚开始月月不怎么理他们,后来听烦了,月月开始歇斯底里地冲着父母大吼,最后甚至发展到暴打自己的父母。父母想到自己那么多年辛苦在外都是为了月月,结果孩子全然不顾,内心无比失望。

案例中的这种家庭,在我们的现实生活中大量存在,如果父母辛辛苦苦把孩子带大,等待他们的是被孩子暴打,这是父母的一种凄凉,是父母教育的悲哀。这种家庭毫无幸福可言,父母从孩子身上看不到任何希望。

生活节奏的加快让更多的父母感到生存压力的加大,他们没有时间陪伴自己的孩子,甚至把孩子寄宿给祖父母,这种现象在当今的农村更为严重,大量的留守儿童,成为一个严重的家庭问题和社会问题。这些从小就没有父爱母爱的孩子长大后不善人际交往，遇到困难没有足够勇气面对，往往选择逃避，随着成长，这些问题没有及时得到调整的话，就会发展成为情感的困扰和问题。

虽然大部分父母认为孩子的幸福是自己一生的使命和责任，但是他们的出发点更多是物质上的东西，把为孩子提供充分物质当做头等大事，这个时候往往忽略了对孩子的心灵呵护。更多的父母则是将孩子的学习成绩当做评价的标准，当学习被赋予了太多的内涵的时候，孩子何堪其重？

孩子渴望独立，他们希望从父母的约束中走出来，他们的心中总是充满着疑问：父母为什么不给我们自由？父母为什么总逼我考前十名？父母为什么非要让我上特长班？父母为什么说话不算数？父母为什么不陪陪我？父母离婚了我怎么办？父母为什么把我推给爷爷奶奶？父母为什么总是教训我？父母凭什么总是玩却不让我玩？……

我们总是提倡换位思考，作为父母，很少有人将这一思维方式用在孩子身上。想想看，现在的孩子在学校承受多么大的压力，分数的压力已经把孩子压得喘不过气来，更重要的更伤害孩子的是人际交往的能力，如果父母在这种情况下还不能读懂孩子，规范孩子，教化孩子，不听孩子的声音，用自己主观的想法塑造孩子的话，孩子肯定会把反叛的矛头指向父母，所以亲子之间的矛盾更加凸显。

孩子、金钱、事业，或者其他，如果让父母选择的话，天下所有的父母都会毫不犹豫地选择孩子，既然都明白这个道理，为什么不花些时间给孩子一个好的教育，这是所有人的家庭大计。

父母必须要明确一个观点，一个人不能改变另一个人，一个人只能改变自己，父母在准确把握自己的情绪后，再去纠正一些不合理的理念，孩子才有可能向好的方向发展。孩子成长过程中会遇到很多困难，会遇到很多问题，作为父母要给孩子积极向上的支持，给他一个成长的元素。

父母要尊重孩子的意见和想法，孩子的成功与快乐并非仅仅取决于学习，孩子不仅需要从书本中学，也需要从生活中学，当一个孩子的学习成绩不好，受到打击，孩子的自尊降低时用于学习的能量和动力就会降低，就会跌入失败的循环圈中，甚至会造成人际关系的恶化。因此，父母不应在某一方面过分指责孩子，让孩子快乐成长才是最大的目标。

现代教育家们都提倡"亲子教育",就是要求父母同孩子一起成长。父母并不能完全了解孩子的特点,父母要有学习的能力,学习如何与孩子交流,如何引导孩子,如何做孩子的老师和朋友,甚至要学习如何做一位好家长。陪伴孩子成长的过程是为人父母第二次成长的过程,也是终生学习的过程。只有与孩子共同成长,父母才会及时发现孩子的缺点,才能走入孩子的心灵,才能成功地教育好孩子。

此外,当家庭出现婚姻危机时要注意给孩子正确的引领。社会转型对传统的婚姻观有很大的冲击,每个人都会面临对婚姻质量的考验,如果婚姻到了分手的程度,友好分手会对孩子好一些,让他们知道只要生理成熟的人都可以相爱,只有心志成熟的人才能成功地处理婚姻出现的问题,帮助孩子正确认识离婚是父母感情之间的事,与父母人品好坏无关。

在文化的多元化的冲突下,作为父母一代,要通过学习去感受孩子成长的环境,缩短与孩子心灵的距离,只有同孩子同步前进的时候,才真正能成为孩子的引领者。爱,是一个永远说不完的话题,用爱用心去教育孩子,才能托起家庭和谐的未来。

3.

美满和谐的家庭环境是培养孩子的最好土壤

法国著名的思想家卢梭说过:"家庭是个人来到这个世界上赖以生活的第一个社会群体,是个人成长的摇篮,是人生的第一所学校,人才的培育,首先要在家庭里并通过家庭教育才可能充分实现。"

一个美满的家庭,犹如沙漠中的甘泉,涌出宁谧和安慰,让人洗心涤虑,怡情悦性。家庭环境对每个家庭成员的影响都是巨大的,对于敏感的孩子,其影响力更大。

孩子的成长过程中,会受到来自家庭、学校和社会环境的影响。学校和社会两个因素往往存在许多不可控的因素,不由父母来决定,在家庭这个环境中,如何实施对孩子的教育,主动权完全掌握在父母的手中。

心理学家通过对一群孩子从幼儿园到高中进行跟踪调查发现,智商高低与这些孩子的天赋和受到的教育并不存在决定性的联系,倒是情绪对智力发育起到关键作用。孩子智力的健康发育需要一个宽松愉快的环境。如果家庭环境不和谐,缺乏幽默和笑声,大人之间经常发生口角,打骂孩子等,这些必然给孩子的心灵蒙上一层阴影,会严重影响孩子的智力发育。

在每个人成长的里程上,他的性格、品行、情操、智慧无时无处都显示出幼时所受教育的程度和烙印。大量事实告诉我们,吸毒、酗酒、打架斗殴、盗窃等现象,几乎都与没有和谐的家庭教育有关。可见,缺乏和谐家庭教育的家庭,将给家庭成员尤其是孩子留下难以治愈的创伤。拥有和谐家庭教育的家庭,孩子的身心犹如阳光雨露滋养着花卉果木茁壮成长,使孩子产生强烈的安全感和价值感。

有一个瘸腿的小男孩,他常常自认为是世界上最不幸的孩子。有一年春天,父亲带着几个孩子去栽树。父亲对孩子们说:"孩子们,你们每人栽一棵树,明年这个时候谁的树苗长得最好,我会奖励谁一件礼物。"

孩子们很高兴,立即动手栽树。瘸腿的小男孩却闷闷不乐,他心想:"我栽的小树一定会我和一样长得不好!"于是,由于自卑,在给树苗浇了一两次水后,小男孩决定放弃,他就再也没有管过那棵树。

出乎意料的是,小男孩的树苗却比其他孩子的长得更好。一年后,小男孩子的树苗长得又粗又高,父亲兑现了自己的承诺,奖励了小男孩一件礼物,称赞他说:"你是我最能干的孩子,看你将树种得这么好,将来一定能成为一个出色的植物学家。"

父亲的话让小男孩信心大涨,他也认为自己一定能如父亲所说的那样能成为一名植物学家。终于有一天,他发现父亲一直在偷偷地护育着自己的那棵小树……

几十年过去了,那个小男孩没有成为一个植物学家,但他却

成了美国总统。他就是大家所熟知的富兰克林·罗斯福。

爱是生命中最好的养料，哪怕只是一勺清水。让孩子多一点自信和勇气，多给孩子一点支持和鼓励，这是孩子的精神力量所在，是父母的责任和义务所在，也是父母健康心态的具体表现，这种情感支持只有在和谐的家庭中才会存在。

据统计，中国现在有 9000 万独生子女，在这种情况下，现代家庭的教育都是一次性的，一旦出错，很难有改正的机会。不像过去的家庭孩子多，老大没教育好，接受了教训，老二就能够教育好。现在的父母没有这种机会了。孩子幼儿阶段没教育好，到以后再来补救的话，悔之晚矣。

因此，一对相爱的男女一旦走入婚姻，成立家庭，决定为爱情缔造一个结晶的时候，就要注意家庭环境和氛围的营造。

在这一点上，有太多年轻的父母做得不好。他们往往无法克制自己的情绪，表现得比孩子还任性，无论是男人还是女人，都想从家庭中索取更多的东西，比如名誉、财富、地位等，借此来满足他们微不足道的虚荣心。这样的家庭环境缺少了爱的支撑，家庭教育必然苍白乏力，家庭和谐也就缺少了根本的基石。

我们常说"父母是孩子的第一任老师"，父母之间的亲密关系，是孩子学习如何处理人际关系的榜样，孩子从家庭关系中还可以学习父母的思想情感表达方式，无意识地模仿父母的生活方式，和谐美满的夫妻关系也能为孩子提供了安全感。

我们会发现这些现象：

孩子生活在父母彼此恩爱的环境中，他就学会尊重；

孩子生活在父母彼此付出的环境中，他就学会责任；

孩子生活在父母彼此包容的环境中，他就学会忍耐；

孩子生活在父母彼此鼓励的环境中，他就学会嘉许；

孩子生活在父母彼此欣赏的环境中，他就学会自信；

孩子生活在父母彼此公平的环境中，他就学会正义；

孩子生活在父母彼此信任的环境中，他就学会信任；

反之，

孩子生活在父母彼此嘲笑的环境中，他就学会刻薄；

孩子生活在父母彼此羞辱的环境中，他就学会内疚；

孩子生活在父母彼此冷漠的环境中，他就学会逃避；

孩子生活在父母彼此索取的环境中，他就学会自私；

孩子生活在父母彼此埋怨的环境中，他就学会指责；

孩子生活在父母彼此坚持的环境中，他就学会自我；

……

父母对孩子的影响是无法形容的，为了孩子的心理健康，父母要千方百计为孩子创造一个美满和谐的家庭环境。那么，如何为子女营造一个和谐的家庭呢？

第一，家庭要民主。

为什么在不少家庭中父母与孩子之间难以沟通，缺少共同语言？为什么家庭悲剧时有发生？其根源也许在于在家庭中缺乏民主，缺乏平等的亲子关系，做父母的不能以权威的姿态与孩子说话，不尊重孩子的人格，不把孩子当做一个独立的人。

家庭成员之间融洽和谐的关系是家庭实现民主化的基础，家长有民主，孩子才能有"自立"。家长要营造和谐环境，家庭氛围亲和成员之间才会建立人人平等、互相关心、相互尊重、相互支持、互相体谅、互相爱护、和睦团结的关系。

情感是双向交流，孩子虽小，同样需要理解和尊重。父母要主动与孩子沟通，让孩子有发言权，尊重他们的想法，聆听他的意见，哪怕其意见是幼稚、不成熟的，也要对孩子充满信任，相信他的上进心、相信他的是非判断。孩子的意见若能得到家长的采纳、重视，无疑能增强孩子的自信心、自尊心。

作为父母必须尊重、孝敬老人，对待兄弟姐妹要宽容和帮助，夫妻之间理解和信任，只有在这样的基础上，孩子的自立意识才会随之产生，孩子才可能获得稳定、温暖的家庭幸福，并从中学习关心与信任。

第二，父母要以身作则。

孩子接触最多的是家庭成员。于是，在潜意识里，他们就会模仿父母的模式，包括饮食方式、性格、观念、感情表达等，父母的以身作则显得非常重要。父母在要求孩子的同时自己要率先垂范、身体力行，在生活的各个方面为孩子树立榜样。

第三，做孩子的良师益友。

父母不仅要在生活上照顾孩子，在学习中引导孩子，还要了解孩子的心理状态，应该倾听孩子的心声，走进孩子的内心世界，和孩子做知心朋友，表达自己的关心和爱护。父母作为倾听者给孩子的关注、尊重和时间，是对孩子最有效的帮助。

第四，树立正确的成才观。

父母不要用分数和名次给孩子过早地定性。人是有差别的，成长的基础和环境各不相同，成功的道路也是千万条，父母要努力创造适合孩子的天资需要的成长环境，有必要研究社会的需要，综合自己的成长经验，在全家人统一认识的基础上，给孩子一个"定位"。要真正做到和谐的步调一致，使整个家庭教育形成一个合力。

第五，维持婚姻的美满。

这是最基本的也是最重要的一条。在孩子眼里，父母是完美、优秀的，父母婚姻关系的美满是孩子快乐的源泉，婚姻关系的破裂对孩子的伤害也是无法估量的。因此，夫妻婚姻是非常珍贵的，是不容挑战、不允破裂的。

和谐的家庭教育，在孩子成长过程中有着不可替代的催化作用，为了使我们的孩子身心都能健康发展，为了让每个孩子都具有完善的人格，为了让每个孩子都能成才，每个家庭成员都要努力，共同营造和谐的家庭环境，只有这样，孩子才能养成自尊、自爱、孝顺、负责任等品质，具有进入社会后遵守社会秩序和尊重群体利益的观念和能力，成为和谐社会大家庭的一员。

4.

好妈妈胜过好老师

有一本畅销书叫《好妈妈胜过好老师》，是教育专家尹建莉女士根据自己16年育儿经历写成的。她的女儿跳过两次级,16岁参加高考,高于清华录取线22分,被内地和香港两所名校同时录取。尤其难能可贵的是,这位妈妈真正贯彻了素质教育,她的女儿不仅成绩好,能力强,在个性品格上有着超越年龄的成熟,被评为北京市"三好学生"。

很多做母亲的不禁要问,这位尹女士是怎样成为一位成功妈妈的,又是如何培养出一个优秀女儿的？我们可以从这位成功妈妈书中一个关于"不陪孩子写作业"的小故事思考开来。

我女儿圆圆刚上学时,学校给新生家长开会,提出家长应该经常陪着孩子做功课,并要求家长每天检查孩子作业。但我没有那样做,既不陪写,也不刻意检查她的作业。这不是家长不作为,而是意在培养她自己形成良好的学习习惯。

儿童所有顽固性的坏习惯,几乎都是小问题没得到合理疏导解决,长期和家长或教师摩擦冲突形成的。陪孩子写作业就是特别容易养成儿童坏习惯的一种做法。

刚上学的一段时间里,圆圆对作业很新鲜,回家第一件事就是写作业,那神情就像对待刚买回来的一个洋娃娃似的。时间稍长,她就失去新鲜感了。回家先吃东西、玩耍、看电视,一直磨蹭着不去写作业。当我们发现已经有好多天了,圆圆都是需要我们提醒才去做作业时,就决定以后连提醒这句话也省了。我和她爸爸达成默契,我们装作完全忘掉写作业这回事,只忙活自己的事情,每天任凭她玩够了再去写作业。

很快,她就把自己搞乱了。有一天回家后,她一直没写作业。先看电视,饭后玩了一会儿玩具,然后又看书,又看会儿电视,到了已洗脸刷牙,躺床上要睡觉时,才想起今天忘了写作业,急得哭起来。我和她爸爸其实早就着急了,但我们一直装着没注意她的作业问题。这时我们才做出和她一样着急的神情,说,是吗,你今天没写作业啊？

我们说这话时,只是表示了微微的惊讶,没有一点责怪的意思——这个时候千万不要责怪啊,她哭,就说明她已经知道自己把事情做错了。家长如果再带着抱怨和批评的口气说"你怎么能忘记写作业呢,现在着急了吧",孩子就能从中听出"你真不像话"、"活该"的意味,她就会忘记自责,开始对抗家长的批评。

我们语气平和而友好地对她说,宝贝不要哭了,谁都会有忘记什么事情的时候。我们现在想想该怎么办吧。听我们这样说,圆圆停止了哭泣。父母这样理解她,可能给了她很大的安慰,她情绪平静了不少。

她爸爸心里早就着急了,这时不由自主地说,那就晚睡一会儿,赶快写吧。看得出圆圆当时已困了,她听爸爸这样说,有些不情愿,表现出发愁的样子。

家长一着急就会替孩子作决定,这是错误的。人的天性是愿意遵从自己的思想,排斥来自他人的命令。所以在培养孩子的过程中,为了形成儿童的自觉意识,也为了他们更好地执行决定,应该尽量让孩子自己去思考和选择。哪怕是相同的决定,如果它不是来自家长的指令,而是来自儿童自己的意愿,他会更愿意去执行。

我赶快对圆圆说,你愿意今天写,就晚睡一会儿,今天去写;要是想明天早上写,妈妈就提前一小时过来叫你;如果早上也不想写,明天就去学校和老师说一下今天的作业忘了写了,这一次就不写了。

圆圆当时面临的不外乎这几种选择。她想了一下,知道最后一种选择不合适,立即否定了。我敢肯定刚上小学的孩子,如果他们以前不曾遭遇过学前班或幼儿园布置作业的困惑,如果他们的自尊心不曾受到损害,他们是不会同意不写作业的。每个学龄儿童心中都已树立对作业的责任意识,还有自尊和对老师批评的惧怕,都让他们不会随便放弃作业。

圆圆当时看起来很困了,我心里希望她第二天早上写。但她可能是觉得不写完心里总有个事,不舒服,就说要现在写。我们说好,现在写也行。她跳下床,从书包中掏出书本,说不想在自己的小屋写,要到客厅写,可能是觉得小屋容易勾起睡觉的愿望吧。我和她爸爸什么也没说,只给她找个小凳,让她到茶几上写,我们就各自干各自的事去了。

　　过了一小会儿我们也该睡了，洗漱完后，我过来看了一下圆圆。她刚刚写完语文和英语，数学还没写。我说，妈妈爸爸去睡觉了，你写完了自己回房间睡觉吧。

　　平时她睡得早，都是我们送她进房间。这时，她抬起头，有些嫉妒地说，为什么你们大人就没有作业，就小孩有作业！我们被逗笑了，说我们其实也有作业，爸爸要画那么多图纸，妈妈要写那么多文章，这都是我们的作业，也必须要按时完成；并说我们可不愿意没作业，没作业就下岗了。写作业的道理小孩子自己其实也明白，就不用给她讲了。我们亲亲她的小脸蛋，像平时一样愉快地跟她打过招呼，就回自己房间了，留下她一人在客厅写作业。

　　我们假装关灯睡了，静静地听着她的动静。圆圆大约又写了十几分钟，自己收拾了书包去睡了，我们才把悬着的心放下。第二天也再没提这事，就当什么也没发生过。

　　接下来几天，圆圆回家早早就把作业写完了，我们心里很高兴，但没有很夸张地表扬她，只是淡淡地告诉她每天都这样做是个好习惯，应该保持，表情中流露出对她的满意。早早把作业写完带来的方便和愉快，她自己也能体会到，这个道理一点就通，即使对小孩子，也无须多说。

　　在陪孩子写作业的这件小事情上，又有多少妈妈像尹女士一样能够做到"狠心"不管呢？在《好妈妈胜过好老师》的书中，尹女士还提出了很多让人耳目一新的教育方式：如在"不管是最好的管"一文中，她提出：要尊重儿童，对孩子管制、指导或干涉太多，孩子的许多正常生长秩序被打乱了，孩子就会变得无所适从；在"像牛顿一样"一文中，她提出家长"一定要从内心认识到儿童成长需要'试误'。孩子从生活中汲取的经验与教训，比你口头讲一百遍的道理都印象深刻"；在陪孩子写作业问题上，她提出陪孩子写作业常常造成孩子的依赖心理，结果适得其反；在惩罚不认真的孩子写作业的时候，她给出了"惩罚你，不让你写作业"的新理念……

　　当大多数妈妈已经习以为常的观念，经过尹女士的对比分析，大家才发现原来妈妈们很多时候都做错了。

每个妈妈都爱自己的孩子，"爱"与"溺爱"，是两种截然相反的教育方式。很多妈妈在教育孩子的问题上失去理性，让孩子总围着自己的"思想"转，以自己的"标准"判断孩子，把自己的兴趣强加给孩子，为孩子的错误"埋单"，等等。暂且不论，妈妈的做法对错与否，先听听孩子们是否接受。

这是登在《中国青年报》上的一封"给妈妈的十四条建议"的信：

一、我需要帮助，同时也需要独立；

二、为了成长，请允许我犯些错误，让我在生活中学会如何生活；

三、请不要强迫我按照您的模式生活；

四、请自觉保护我的自尊心和隐私权；

五、如果想成为我的朋友，那就放下家长的架子；

六、请不要拿我当您的出气筒；

七、宠了我，就别说把我宠坏；

八、不要把简单的事情复杂化，不要把过去的错误扩大化；

九、多一些建议，少一些命令；

十、请不要第 101 次告诉我某些事该怎么做；

十一、我不仅学习您告诉我的东西，还学习您身上表现的东西，包括坏的习惯；

十二、我不仅需要爱，还需要学会爱别人；

十三、即使您能替我做所有的事情，也请把它们留给我自己做；

十四、因为我是菊花，所以请别让我在夏天开花，因为我是白杨，所以请不要指望从我身上摘下松子。

不知道妈妈们看了这封信有什么想法？每一个孩子都有一个独立的世界，不管什么教育体制都不能完美到可以解决每一个学生的问题。因此，孩子的成长，还是要取决于和他们接触的家长和教师给他们营造的、直接包围着他们的"教育小环境"，而妈妈持有正确"导航"的第一要责。

"每个问题孩子的背后，都有一个问题妈妈。"妈妈作为和孩子接触时间最早、最长的关键人物,是"教育小环境"的主要营造者,在每一件小事上如何引导孩子,如何处理和孩子间的关系,几乎每一种细节都蕴涵着某种教育机缘。所以说,妈妈的重要性超过了老师。

5.

做好父亲这一终身职业

母爱如水,父爱如山。母亲是孕育儿女生命的那个人,从怀孕开始,胎儿在母亲体内成长,直到 10 个月后出生。但是,科学研究表明,婴儿在六周时甚至三周便可分辨出父亲和母亲。这些未出世的孩子对父母甚至可以区别对待,当母亲陪伴时会较为安静,父亲出现时会较为兴奋和激动。

母亲每每被认为是孩子主要的照顾者,孩子也往往更依恋自己的母亲。一般说来,父亲角色和在社会上承担的职业职能决定了父亲参与抚育孩子的时间少于母亲。然而,这并不表明父亲对孩子的成长不重要,大量的研究资料表明,父爱在婴儿的成长中起着重要的、不可取代的作用。

父爱对孩子的影响远不止于智力,还涉及体格、情感、性格等方面。与父亲接触少的孩子,体重、身高、动作等方面的发育速度都要落后一些,并普遍存在焦虑、自尊心不强、自控力弱等情感障碍,表现为忧虑、多动、有依赖性,被专家称为"缺少父爱综合征"。

父亲不仅仅是一种"职业",还是一种象征,象征力量、规则、权威。"父亲"和"父亲职业"具有举足轻重的、持久的、不可替代的作用。在这一"职业"中,很多父亲默默无闻地做得很称职,在教育孩子方面颇有一套,成为"模范父亲",真实地再现了父亲对孩子深沉的关爱,显示了父亲在孩子成长过程中的巨大影响力。

王献之的父亲:打击与鼓励促子成才

王羲之是中国古代著名的书法家,他的书法艺术造诣很高,被世人称为"书圣",他的《兰亭集序》至今仍为书法爱好者所酷爱。

王献之是王羲之的第七个儿子,他自幼聪明好学,在书法上专工草书和隶书,也善于画画。王献之七八岁时开始跟着父亲学书法。有一次,王羲之看王献之正聚精会神地练习书法,便悄悄走到背后,突然伸手去抽王献之手中的毛笔。王献之握笔很牢,笔没有被抽掉,父亲很高兴,夸赞道:"此儿后当复有大名。"小献之听后,心中沾沾自喜。

还有一次,王羲之的一位朋友让王献之在扇子上写字,王献之挥笔便写,突然笔落扇上把字污染了。小献之灵机一动,一只小牛栩栩如生于扇面上,再加上众人对他书法绘画赞不绝口,小献之滋长了骄傲情绪。这些都被父亲看在眼里。

一天,小献之问母亲:"我只要再写上三年就行了吧?"妈妈摇摇头。"五年总行了吧?"妈妈还是摇摇头。

这时,王羲之对小献之说:"你要记住,写完院里这18缸水,你的字才会有筋有骨,有血有肉,才会站得直立得稳。"王献之心中虽然有不服,但还是一咬牙又练了5年。当他把一大堆写好的字给父亲看时,希望听到几句表扬的话,谁知,王羲之一张张看过,还是一个劲地摇头,掀到一个"大"字时,父亲现出了较满意的表情,随手在"大"字下填了一个点,然后把字稿全部退还给王献之。

王献之心中不服,又将全部习字抱给母亲看,母亲认真地看了三天,最后指着王羲之在"大"字下加的那个点儿,叹了口气说:"吾儿磨尽三缸水,唯有一点似羲之。"

听了母亲的话,王献之羞愧难当,娇气已经消失殆尽。这时,父亲又出来鼓励他,让他坚持不懈地练下去。王献之认为父亲的话一定有道理,又锲而不舍地练下去。功夫不负有心人,王献之练字用尽了18大缸水,在书法上突飞猛进。后来,王献之的字也到了力透纸背,炉火纯青的程度,和父亲被人们并称为

"二王"。

达·芬奇的父亲：充分发展孩子的兴趣

著名画家达·芬奇的父亲从小就十分注意培养孩子的兴趣。

达·芬奇上学后，很快对绘画表现出浓厚的兴趣。一天，他上课不专心听讲，还给老师画了一幅速写。回家后，达·芬奇把速写给父亲看，父亲不仅没有生气，反而夸奖他画得很好，决定培养他在这方面的才华。

正是因为父亲的开明，达·芬奇才能全身心投入到自己喜爱的绘画中。16岁那年，父亲把达·芬奇带到画家维罗奇奥那里学画画。在维罗奇奥的指导下，达·芬奇刻苦学习，掌握了很多绘画技巧，终于成为一代大画家。

莫扎特的父亲：不惜放弃工作培养孩子

奥地利作曲家莫扎特小时候被无数人誉为"神童"，他的许多作品一直是古典音乐中经久不衰的保留曲目。但是，莫扎特有如此成就与他父亲的精心培养是密切相关的。

莫扎特3岁时，父亲就发现他经常静静地坐在一边，很有兴趣地看姐姐练琴。于是，父亲就开始对他进行启蒙教育。在父亲的指导下，莫扎特5岁就开始创作短曲，6岁时创作钢琴协奏曲。后来，为了更好地培养他，父亲甚至放弃了在宫廷里当乐师的工作，将全部精力用在莫扎特身上。莫扎特在父亲的精心培养下，终于成了一位音乐大师。

安徒生的父亲：穷鞋匠培养出大作家

丹麦童话作家安徒生出生在富恩岛上一个叫奥塞登的小城镇上，那里有不少贵族和地主，而安徒生的父亲只是个穷鞋匠，母亲是个洗衣妇。贵族地主们怕降低了自己的身份，从不让自己的孩子和安徒生一起玩。安徒生的父亲对此非常气愤，但一点也没有在孩子面前表露，经常放下手中的活陪孩子玩。

父亲把安徒生简陋的房间布置得像一个小博物馆，墙上挂了许多图画和做装饰用的瓷器，橱窗柜上摆了一些玩具，书架上放满了书籍和歌谱，就是在门玻璃上，也画了一幅风景画。父亲还常给安徒生讲古代阿拉伯故事,有时则给他念一段丹麦喜剧作家的剧本,或者是英国莎士比亚的戏剧本。

为了丰富安徒生的精神世界,父亲还鼓励安徒生到街头去看埋头工作的手艺人、弯腰曲背的老乞丐、坐着马车横冲直撞的贵族等人的生活,这些经历为安徒生以后写出《卖火柴的小女孩》、《丑小鸭》等童话故事打下了很好的基础。

盖茨的父亲:让孩子从小懂得凭本事挣钱

世界软件业巨头微软公司的老总比尔·盖茨的父亲并不是搞电脑的,只是美国西雅图的一名普通律师。父亲没有执意让比尔·盖茨去当一名律师,而是从小培养他"凭本事打拼"的意识。

比尔·盖茨帮家里做事,父亲总是给予一点小报酬,以此激发他的热情,让他懂得工作是通往幸福的阶梯。

上私立高中时,比尔·盖茨就和朋友一起开发了计算市内交通量的软件,并在竞争中取胜,签订了一份数额不小的合同。后来,学校的负责人雇用他们编制教学计划,比尔·盖茨还与人合作,编写了企业的工资系统用的程序。每次他取得一些成就时,父亲都会夸奖说:"盖茨是通过劳动获取报酬的。"

教育都是相通的,虽然不是每个人都能让孩子成名成家,但是这些父亲既然能把孩子培养成才,也说明了他们的可取之处。

美国心理学家发现:一个人能够取得成就,20%取决于后天的努力,80%取决于他的父亲。作为孩子生命中重要的人,同样一句肯定的话,如果爸爸说出来对孩子的影响力会是妈妈的50倍。妈妈对孩子的影响是你能不能成为一个独立的人,而爸爸则是塑造孩子对生命的看法,关系孩子人格的形成。

比如,母亲更放心让孩子爬出的距离平均比母亲容许的距离多一倍,然后再把他们抱回来。当孩子面对新事物,如一只狗、一个陌生人或一个新玩具时,母亲会本能地靠近孩子,让孩子感觉到可以得到保护;父亲则倾向于站在一边,让孩子自己去探索。这两种抚养方法:保护和挑战,都有助于孩子的情绪发展。研究显示,父亲积极参与照顾的孩子在与父母分开或遇上陌生人时哭得较少。

美国总统奥巴马认为，父亲的言传身教对于子女成长至关重要。"我们能鼓励孩子关掉游戏机、拾起书本；能为儿子准备一份健康午餐或是和女儿一起去户外打球，"他说，"同样，我们能教会孩子们辨别是非，自己作出榜样，展示给他们与人相处之道的价值所在。"

从某种意义上来说，父爱远远胜过母爱。孩子最理想的人格是同时兼具了父爱和母爱两方面的内容。

父亲的力量如此强大，为人父者应充分认识尽父亲之责的重大意义。那么，父亲应如何表达这种父爱呢？

第一，抽出时间与孩子相处。

父亲们都很忙，然而再怎么忙，父亲也要每天至少抽出半小时的时间来关注和参与孩子的活动，哪怕是给孩子讲个故事，陪孩子搭一会儿积木，或者帮孩子洗个澡，甚至因故不能按时回家时，打个电话给家里，和孩子说上几句话。千万不要小看这短暂的相处时间，这会让孩子感受到父爱的存在。孩子会从父亲的气质、情感、智力等方面潜移默化的影响中，为自身的心理与智力发育补充养分。

第二，懂得如何爱孩子。

父亲平常应多亲吻、拥抱、抚摸孩子，让孩子时时体会到父爱的温暖。孩子的要求是单纯的，再多的钱，也换不来与孩子在一起共享天伦之乐。现代社会中，大多是独生子女，养一个孩子对大部分家庭来说，都不会有太大的困难，在充足的物质生活条件给予之外，如何才能让孩子得到最适当的教养，让孩子在良好的家庭环境中快乐长大，才是每一位父亲应该耗费心思和精力去关心的问题。

第三，给孩子自由发展的空间。

每个孩子都是一个独特的个体，作为父亲应该尊重孩子的个性，客观地认识和对待孩子的长处和弱点，帮助孩子取长补短，树立自信和勇气，给孩子一个自由发展的空间。千万不要摆出父亲权威，命令和束缚孩子，迫使孩子完全按照大人设计好的标准去发展。

第四，细心了解孩子的感受。

父亲对孩子的爱表现形式是多样的，大多数父亲比较粗心大意。在孩子面前，我们一定要做一个细心的父亲。孩子和成人一样，他们也会压抑不良的感受,当他们持续地处于不良情景刺激时,不良情绪也会渗透到幼小的心灵中,还可能表现为生理上的不适以致疾病。因而,父亲要同母亲一起了解、分享孩子的快乐和失败,避免孩子体验孤独无助的感觉。

孩子的路很长很长,作为父亲应"亲临"教育第一线,让自己的孩子在父爱和母爱的共同沐浴下,这样才有利于培养孩子健康人格和自主能力,使孩子更好地适应现实世界和未来社会。

6.

孩子需要"大朋友"

有这样两个真实案例:

案例一:

某重点中学,一天,班主任老师发现一名男生的表现不太正常,就翻开了他的书包,发现书包里有一封写给女孩子的信,信中写了发生性行为的细节。老师对该男生进行了严肃批评,要他停课反思检查。这件事情没有注意保密,很多同学都知道了,议论纷纷,导致两个学生在学校无法待下去,就回家了。

孩子在学校干出这样"丢人"的事,双方父母当然接受不了,不问青红皂白将孩子毒打了一顿,然后赶出家门。两个孩子也不懂事,就在外面租房住。同居时间久了,女孩子怀孕了,男孩子觉得自己长大了,是认真的。两个人就把孩子生出来了。

孩子出生后,升为爷爷奶奶、外婆外公的老人们更是觉得生气,从此与他们断绝了关系。但是,养孩子不容易,吃喝都需要钱,男孩子没办法,只好上街抢劫,抢了几部手机之后被抓获,被关进了监狱。这时,男孩子的父母开始着急了,没办法,人都进去了，后悔也来不及了。

案例二：

一天，上高中的女儿放学回家，"扑通"一下跪在妈妈面前号啕大哭，孩子一边哭一边说："妈妈，我错了。"妈妈问她怎么了，女儿说她怀孕了。妈妈一听到这样的事儿，头发都快竖起来了，半天没反应过来。

妈妈很快冷静下来，让孩子起来，陪孩子去医院，以妈妈的名义挂号做了检查，女儿确实是怀孕了。医生建议做人工流产，妈妈给学校打电话说女儿得阑尾炎请假一个月，在女儿做完流产后一直非常细致地照顾女儿。妈妈知道女儿很后悔很痛苦，一句责备的话都没有，把女儿感动得热泪盈眶，女儿说："妈妈，你放心吧，我一定会让你看到一个让你骄傲的女儿。"

此后，妈妈每天陪女儿散步，谈爱情，谈性，谈如何把握人生。母女俩俨然一对无话不说的朋友。妈妈说："女儿，你放心吧，人都有犯错误的时候，只要吸取教训就行了。这件事情天知地知你知我知，不会有第三个人知道。"女儿说："你是世界上最好的妈妈，我一定会珍惜的。"

女儿很快康复，勤奋学习，严格要求自己，一直将妈妈视为自己最好的朋友，什么事都会和妈妈一起分享。在妈妈的指导下，女儿高中毕业考上北京一所重点大学，大学还未毕业就收到美国三所大学的硕士研究生录取通知书。

同样的事情，同样的错误，不一样的父母，不一样的结果。人与人之间的距离是可怕的，哪怕父母与孩子之间也不例外。如果能找到适当的时间跟孩子好好沟通，互相了解，换位思考，多给孩子一些关爱，那么这种努力一定有收益。

在家庭教育中，父母对孩子的态度是十分重要的，不管时代如何变化，把握一条即"我永远爱孩子，理解孩子，尊重孩子，与孩子一起成长"。我们的父母往往能做到"爱孩子"，却不能做到理解、尊重孩子。

一个孩子说："父母是权威的象征，使人不敢冒犯，他们常常拿'大人的事，小孩子别管'来回绝我，拿'没大没小'、'没分寸'等话语压制我。当我真诚地提出要与妈妈做朋友时,妈妈感觉这好像是'天方夜谭',不可思议。"

孩子需要朋友,大人也需要朋友,为什么父母不能与自己的孩子成为朋友呢? 父母在家庭中的角色不是裁判,不是警察,而应该是与孩子共同成长的朋友。

父母尝试与孩子做朋友,其实并不困难,只要能够满足孩子希望受到平等尊重的愿望就可以了。孩子希望父母把自己当成朋友,平等对待,相互尊重。

努力给孩子营造一个宽松的家庭环境。不要以长辈的身份"审问"孩子,应该以朋友的身份理解孩子,耐心倾听孩子的想法,然后以朋友的身份商量解决问题的方法,给孩子营造一个平等、民主、宽松的成长氛围。

不在众人面前批评孩子。孩子在成长的过程中,会有自己的烦恼和困惑。每个孩子都会犯错,他们犯错后隐瞒父母,是为了逃避责骂和惩罚。面对孩子显而易见的谎言,父母的内心不管多愤怒,都要控制自己的情绪,信任孩子,不要直截了当地揭露孩子,要采取孩子能够接受的方式教育他。现在的孩子自尊心都很强,当孩子有缺点、有毛病的时候,如果在外人面前进行训斥,不但给孩子的心灵带来创伤,而且还容易造成逆反心理,反而不利于孩子改正缺点和毛病。

与孩子培养共同的爱好。培养与孩子共同的兴趣和爱好,是与孩子进一步沟通、拉近距离的催化剂。孩子喜欢足球,喜欢某个明星,你在与孩子谈论某场球赛、某个明星的过程中,给孩子传授一些做人的道理,相信一定会潜移默化地对孩子产生影响。只有这样,孩子才会毫无顾忌地和你高谈阔论,你就不会为和孩子"没话题"而苦恼了。

经常鼓励表扬孩子。对孩子的表扬,会让孩子心理上认为你与他是同一战线的,是对他的认同,孩子的心情都会愉悦起来,从而增加自信心。经常表扬孩子,特别是当着众人的面儿表扬自己的孩子,会给孩子莫大的鼓舞。停止唠叨不休的责骂,不妨多给孩子一些鼓舞,你的孩子一定会在你的赞扬声中逐渐成熟与进步。

尊重孩子的隐私。孩子虽小,但也有自己的思想,请允许孩子在内心深处留有自己独立的空间。给孩子一个属于自己的小天地,让他们保留自己的小秘密。只有家长充分尊重了孩子的隐私,孩子会感觉自己的父母是个善解人意的人，同时也会向你敞开心扉。

充分理解信任孩子。别总把孩子看成什么也不懂的小孩儿，随着年龄和阅历的不断增长，孩子的世界观会逐渐形成。父母要充分相信孩子，遇事要放手让孩子去做，从而培养孩子多方面的能力，家长只要进行把关，正确引导孩子即可。

一旦孩子感受到父母的尊重，会逐步建立起尊重他人的意识，遇到问题，也会主动和父母沟通，将父母视为自己的知心朋友，从而避免孩子做出错误的决定，造成严重的后果。因此，和谐的家庭关系胜过许多教育。

7.

避开现代家庭教育误区

在现代家庭教育、社会教育和学校教育中，家庭教育占据着非常重要的一部分，但是，目前我国的家庭教育还存在着许多的误区，有些错误教育方式不仅不利于孩子的成长，而且还会给家庭和谐蒙上阴影。

一、过分溺爱，造成孩子个性缺陷。

孩子是父母的爱情结晶，爱孩子是天性使然，溺爱孩子却是人类独创的 种另类之爱。中国父母对孩了的溺爱程度尤为严重。在现代家庭中，大多只有一个孩子，很多父母按照他们自己的思维方式，无条件地满足孩子，剥夺了孩子对人生的正常体验、剥夺了孩子的自我意识，造成了孩子个性的缺陷。

事实表明，溺爱中长大的孩子软弱、蛮横、毫无责任感。父母的羽翼不可能一辈子都呵护着孩子，孩子终究要独自搏击长空。溺爱表面上满足了孩子的需求，可实际上是用爱"淹没"了孩子的成长，结果使孩子受害。因此，父母的爱要有原则、有情感，为了孩子的未来，父母要适当收敛自己的舐犊之情。

二、注重分数，不注重孩子学习能力的培养。

目前，很多父母教育孩子的目标跟着国家的教育大纲走，孩子的考试分数成为评判孩子好坏的唯一标准。这是中国家庭教育最明显的误区之一。

分数与智力水平不是一回事，分数只是反映智力水平的一部分。分数与学习能力也不是一回事。"高分低能"就是只抓分数不发展能力所致。许多父母只要求孩子从小拿高分，却忽视了孩子思维能力的培养，致使学习没有后劲，导致许多孩子越到高年级，成绩越差。父母应让孩子掌握学习方法，培养孩子自学能力与独立钻研的精神。

三、重养轻教，不关注孩子的心理健康。

我们说中国的家长不爱孩子，没人服气，仅有爱是不够的，还要了解孩子，重视孩子的内心世界。现在不少父母关注的焦点仅限于孩子的衣食住行，父母很少关注孩子内心，忽视孩子的精神需求，导致孩子容易出现心理问题和品德问题。

我们的教育提倡德、体、美、劳等方面的全面发展，事实上，在道德和心理等方面甚至连学校教育都是一纸空文，最主要的还是需要父母的关注与培养。孩子成长有其自然规律，身体、生理发展如此，心理发展也是如此。如果父母不懂得孩子的心理，家庭教育就会出现缺乏沟通、专制等问题。

四、期望过高，导致家庭出现各方面不和谐因素。

中国父母普遍存在"望子成龙，望女成凤"的心态，考出好成绩、进好学校、上名牌大学、考研、读博、出国深造等等，父母对孩子的期望值随着孩子的年龄增长不断提高。父母为此投入巨大物质和精神方面的精力。孩子的学习状况、考试前途是夫妻关系、家庭氛围的晴雨表。许多夫妻间的争执，来源于对孩子教育方式的不同观点和看法。由于家长对孩子过度投入，相对应地抱有极高的回报期望，一旦孩子表现不尽如人意，父母心理难以随和，导致心理落差，情绪失衡，对心理造成不利影响。

在这种过高的期望之下，最大的受害者还是孩子。压力过大会造成孩子情绪的不稳定，严重焦虑、学习困难、恐惧、性格孤僻等等。这对孩子的人格发展有负面的影响。

五、奴役孩子，不对孩子因材施教。

中国的家庭教育有两个极端现象：一是父母完全奴役孩子，父母有什么想法，就会让孩子怎么做；二是家长对孩子不管不问，完全不管，孩子发展成什么样就是什么样。父母对家庭教育的完全漠视或过分重视，带来的后果都是不尽如人意的。

中国有条古老的教育原则叫做"因材施教"，这是一种很好的教育方法，父母应当根据孩子的具体特点给予他们适当的教育。孩子的发展有各自独特之处，存在个体间差异：有发展速度的差异，思维方式的差异，兴趣爱好的差异。父母不应为孩子过早地设计人生之路，这样不仅会埋没孩子的某些天性，还会让孩子逐渐丧失学习的主动性与积极性，陷入迷茫之中。

六、滥用惩罚，损害孩子身心健康。

应试教育让中国绝大部分父母全力支持学校教育，让他们成为应试教育的"帮凶"。孩子放学回家，父母的第一句话就是：你们老师布置的作业完成了吗？许多父母对孩子的教育方法只是惩罚：讽刺、挖苦和体罚，认为这样才能使孩子不再犯错误。特别是在农村和教育欠发达地区，"不打不成才"、"棍棒之下出孝子"成为父母体罚孩子的理由。

惩罚是极其不利于孩子自我成长的，是一种消极的教育方法。孩子因学习问题多次遭到惩罚，就会厌恶学习回避学习。孩子犯错误是应该原谅的，父母和老师应该正确引导，帮助孩子树立自信心，并给予更多的帮助、鼓励，而不是用讽刺、挖苦甚至体罚来代替教育，这些都是不利于孩子身心健康的。

七、缺乏学习，家长不重视自我学习。

现代社会中，各行各业都需要上岗证，都需要培训，但是父母教育孩子却不需要任何培训。这并不是说所有的父母都是合格的，父母承担了教育子女的职责，有很多人却不注意学习教育知识和教育方法，家庭教育完全依赖父母的心情，表现出极大的私有性和随意性，严重地影响着孩子的成长。

教育孩子是一门科学，也是一门艺术，仅凭良好的愿望和强烈的动机并不能达到预期的教育效果。只有合格的家长才会培养出合格的孩子，不学习怎样做合格的家长？造成孩子身体发展，心理健康，智力发展损害，这是家长严重的失职。家长必须努力提高学习意识，提高自我教育素质,成为合格尽职的父母。

八、物质泛滥,给孩子输入错误的金钱观。

这是一个金钱社会,很多父母对孩子的奖励,也添加了金钱的成分。父母偶尔给孩子一些金钱奖励,无可厚非,但是奖励一定要选择适当的时间,适合孩子的"奖品",如果孩子无论做什么家长都给予一定的物质上的奖励,时间一长孩子就会依赖于物质上的奖励,觉得除了物质奖励以外别的奖励都没有意义。

物质的刺激的确能给孩子带来很大的积极性,这种刺激毕竟是很短暂的,一旦物质泛滥,金钱就会左右孩子的大脑,孩子在没有物质支持的情况下就会做出可怕的事情来。父母必须让孩子从小就树立正确的金钱观。

九、缺乏磨炼,忽视孩子意志品质的培养。

有许多父母总是错误地认为,只有让孩子学到更多的知识,才能让孩子成才,对孩子没有任何意志品质方面的要求,也很少磨炼孩子的意志,凡事宠着护着,唯恐孩子不顺心。其结果是,子女中较多地存在着脆弱、依赖、任性等不良的品质,当孩子走向社会后处事能力差、稍有挫折就会自暴自弃。

这都是父母的错。孩子意志的磨炼,是父母、老师和其他人无法代替的,只有让孩子在一次又一次实践中锻炼,才能逐渐形成。家长要为孩子创造挫折教育的条件,不要无休止地满足孩子的欲望,更不能为孩子包办一切。

随着现代社会的发展,家庭教育越来越重要,家庭教育并不是我们想象的那么简单,在很多环节上都有可能存在这样或者那样的误区,使得家庭教育适得其反,不尽如人意。"爱子之心人皆有之",父母对孩子的教育,不仅仅凭借着爱就能成功的,要理智地与学校教育、社会教育接轨,不断学习,取其精华弃其糟粕,走出教育误区,辅助孩子成就成功人生。

8.

父母是儿女的心灵导师

　　世间最容易上演的职业是父母,最难做好的工作也是父母。为人父母者最殷切的希望,就是眼见儿女一生有所成就。然而,有多少父母明白,通往成功最直接的路径,就是借助于心灵的滋养?

　　现实生活中,父母与孩子的沟通几乎每天都在发生,可令很多父母感到困惑的是:大多时候是频繁地进行"沟",实际效果却往往没有"通"。父母强烈的爱反而让孩子感到厌倦、逆反,甚至是逃出家门。

　　有这样一则资料显示:有记者分别采访美国和中国的学生,问他们自己心目中最信任的人是谁? 美国的学生有95％回答是自己的父母或老师。中国的学生近80％的是选择他们的同学或"自己",15％的学生选择写日记,只有5％的学生选择是自己的父母或老师。

　　由于孩子对父母的不信任,父母就无法了解孩子的内心世界,一系列的问题,诸如孩子厌学怎么办? 经常撒谎怎么办? 出现早恋怎么办? 迷恋网络怎么办? 这些问题长期会让父母困惑和焦虑。

　　对于孩子们来说,他们因为年龄小,缺少社会经验,正确认识问题的能力非常欠缺,在孩子们纯真快活的外表下,他们的内心深处一定会有许多无从排遣的烦忧像一茬茬的荒草,生长在心灵的花园里。比如,他们常常会遇到困难而不知道该怎样解决,将自己的内心深处积聚的烦恼幻化成与小伙伴的冲突,导致孩子的心理暴力和畸形。同时,孩子还会在大千世界面前升出很多千奇百怪的想法。

　　孩子在成长过程中出现问题是需要父母的关注和解决的,作为父母,必须走进孩子复杂的内心世界,引导孩子健康成长,消除孩子成长中的诸多困惑,让孩子进入身心和谐的发展佳境。

　　那么,究竟是什么原因阻碍了父母爱的传达? 又当如何解决呢? 在回答这两个问题前,我们可以先看一下著名演员陈道明夫妇教育女儿的故事。

陈道明与妻子杜宪有一个可爱的女儿,叫陈格,小名格格。格格虽然是陈道明与杜宪的掌上明珠,但是由于工作繁忙,女儿年幼时,夫妻二人却很少能跟她在一起,格格长到十岁,他们带女儿的日子加起来不超过三年,格格是在外公、外婆身边长大的。

尽管不常在女儿身边,但陈道明夫妻对她的教育却丝毫没有放松过。陈道明长年在外拍戏,一年里和女儿待在一起的时间并不多,他对女儿的疼爱是很具体的,譬如有时间往家里打电话,总要听听格格的声音,回到家第一件事,就是抱抱女儿,但他对女儿从不溺爱,对她的学习,甚至平时的言谈举止都格外注意引导,让孩子在各方面都形成良好的习惯。杜宪的时间相比较而言多些,她只要和孩子在一起,就会合理地安排格格的学习和娱乐,女儿也很懂事,一向听妈妈的话,但对爸爸,格格心里却存在抵触情绪。

格格十岁那年春节前的一个星期天,陈道明、杜宪约了一些朋友出去吃饭,决定带着女儿一起去。临走前,陈道明拿起一本书,指着书上的一个字问格格:"这个字怎么念?"格格玩得正高兴,调皮地躲开了,不回答爸爸的提问。陈道明很生气,为了惩罚,决定不带格格出去吃饭。

在去饭店的路上,陈道明觉得这一次对格格的"家法处理",似乎是"执法有误",让女儿受委屈了。于是,他调转车头,又回家去接女儿。格格见到爸爸回来接她,水汪汪的大眼睛一下就红了,扑进爸爸的怀里。瞬间,这父女俩好不亲热。"爸爸,对不起,我错了。"格格说。陈道明心头一软:"不怪你,格格!"

因为这件事,陈道明明白了,"严父慈母"的教育方法是可以的,母亲牵挂得多一些,照顾得多一点;父亲原则性更强一些,在大的方面进行一些指导。同时,父爱可以严格,但不能"太严厉",否则很可能会"过犹不及"。女儿感觉不到父爱,反而可能记仇了。不只影响亲情,更会使孩子对家长有逆反心理。从此。

陈道明一改严父姿态，和女儿交起了朋友。

关于女儿的教育，陈道明夫妇的心里很矛盾：一方面自己和丈夫的工作都很忙，无法很好地照顾和教育女儿；另外就是孩子一天天长大了，随着孩子慢慢长大，他们作为父母，当然希望孩子能受到很好的教育。格格的艺术天分很好，而国内的教育大多都注重数理化，西方的教育方法则更注重孩子的天分，进行个性化培养，有利于孩子的成长。

为了孩子的将来，他们忍痛将女儿送到国外读书，在女儿上飞机的那一刻，夫妻两人忍不住痛哭失声。其实，陈道明也舍不得女儿离开身边，但他的观点是：女儿属于社会。"我想，孩子将来回归家庭的分值越来越少了，她是属于社会的。她更应该对社会有感情，愿意给社会做事情，要让社会去教育她。家长不能只是养了一个大宝贝，那不成。"

暑假的时候，女儿回国了。半年没见，这次女儿给杜宪一种很直接的长大了的感觉。格格这次回家和妈妈还是那么亲热，但她总是把自己一个人关在房间里。杜宪想和女儿沟通，却不知道女儿到底在做什么。一天夜里，杜宪无意中看了一眼女儿的电脑，她看到了女儿没有做好的一幅动漫，上面有个女孩坐在星夜的窗下托着腮好像在想什么，画面的背景是用粉色的心形连成的。杜宪一下明白了，女儿肯定是在恋爱了。女儿每天都把大量的时间用来上网和那个男孩子联系上，所以她和妈妈的交流就少了。

杜宪将女儿的情况告诉了陈道明，陈道明感到很意外，但他很快就释然了：女儿大了，这也是正常的，关键是不能够让青春期的这种朦胧感情打扰了学业及心情。陈道明和杜宪决定，应该和格格谈谈。

第二天，杜宪起了个大早叫醒格格，说是爸爸有时间，带他们到护国寺去吃小吃。那里的小吃是格格从小最爱吃的。等格格吃饱了之后，陈道明认真地对格格说："这里是我和你妈妈谈恋爱的时候经常来的地方，以前没有麦当劳、肯德基什么的，我和你妈妈还都是学生，又去不起大饭店，只能来这里，它不仅便宜实惠，味道还很鲜美。我们今天带你过来是想和你好好地聊一聊。二十年前我和你妈妈因为人生的目标、志趣相投，我们觉得彼此是可以托付一生的人，于是走到了一起，共同创建了一个家，还拥有了你。爸爸只想告诉你，你现在还小，思想还不成熟，很难承担得起人生中最美好的爱情所赋予的责任，所以爸爸妈妈希望你能够再过几年没有压力没有忧虑的日子。"

陈道明一口气说了很多的话，格格早已泪水涟涟。她没有想到父母居然知道了自己的小秘密，更没有想到，父母会如此的用心良苦。在那一天，她知道在这个世界上最爱她的人是谁了，也明白了自己心中最重要的是父母。

从陈道明夫妇与女儿格格的故事中，我们可以找到父母为什么与儿女沟通不畅的答案：第一，父母过于自我；第二，不尊重儿女的想法；第三，没有正确的沟通方式。

父母的责任不仅要保证子女的身体健康，还要确保子女踏上精神之旅，这是父母能够做到确保子女人生成功的最上策，它要比赠予子女金钱、安稳的家，甚至是梦想及情感更胜一筹。

既然我们明白了这些道理，那么，父母怎样才能走进儿女的内心世界，为他们的心理健康保驾护航呢？

英国教育家斯宾塞曾经说过："当孩子感到被爱、被信任，奇迹不久就会出现在你的眼前。"想走进孩子的内心世界，还必须用心去沟通。

首先，父母要有心。善于从细微处去发现孩子的问题，只有从小事情上去关心孩子，孩子才会感到父母的爱无所不在。父母在帮助孩子树立正确的观念的同时，孩子也会渐渐地向父母敞开心扉。

其次，父母要有耐心。父母要无条件地去接纳孩子，即使这个孩子有很多缺点或身体上的畸形，父母的接纳是孩子的动力，会让父母与孩子的心靠得更近。父母要正视孩子的缺点，耐心地帮孩子改正，切不可粗暴或显得不耐烦，父母在引导孩子走上正确道路的过程，也是与孩子交心的过程。只有父母真正的尊重孩子，理解孩子，孩子才会把自己心灵的大门向父母敞开，父母才能够真正地走进孩子的内心世界。

最后，父母要用心。学会用心倾听孩子的话语，用心陪伴孩子玩，你会让孩子更加喜欢你。孩子的思想是单纯的，千万不要将你的"用心"变成了"别有用心"，正视孩子对你的信任，他们将会更加信任你，孩子对父母的信任和认可，也一定会换来那一把开启孩子心门的钥匙。

走进孩子的内心世界，才能做孩子的心灵导师。爱孩子，就为孩子的心灵洒下一片温暖的阳光，让孩子们的内心深处永远充满着温馨与快乐。

9.

好习惯要从小养成

好习惯要从小养成。古语云："少成若天性，习惯如自然。"一个人小时候接受的良好教育和影响所形成的习惯，就像先天形成和与生俱来一样稳固，终生都会受益，都会给人一生的成长发展打下良好的基础。反之，坏习惯会毁了人的一生。

家庭是习惯的学校，父母是习惯的老师，孩子很多习惯的养成，与父母有着直接或间接的关系。近些年来，富人、名人、官员子弟频频爆出丑闻，暴露出的家庭教育问题，这些问题都是一个个小小的坏习惯而爆发的。

以艺术家李双江的儿子为例，李双江是位有美誉的艺术家，但他的儿子于 2011 年 8 月却作出了一个令社会吃惊、叫父母蒙羞的举动：非法驾驶、打人。颇有勇气的李双江痛苦地承认：没教育好儿子。他说："我不打儿子，舍不得，有时真想打，劝说，我们吓唬一下，还没有打，自己的眼泪先掉下来了。"由于父亲的娇宠，让孩子养成了蛮横、霸道的不良习气，最终导致了打人事件。

从李双江教子的案例上我们可以看出大多数中国父母的心态，这种心态不仅不利于孩子养成良好的习惯，而且还能让孩子染上很多恶习。在孩子习惯养成方面，我们可以借助国外父母好的方法。

美国的福特家族,绵延百年而不衰,靠的并非只是汽车。福特家族曾有这样一个故事:小辈赚零花钱,要在家里擦家人的皮鞋或干此类苦活,孩子们以在暑假承揽了全家的擦皮鞋业务为光荣。福特家族里的每个人都知道金钱的来之不易,知道通过自己的劳动获得报酬。那俯下身擦皮鞋的身影,给我们的中国富人树立了一个真正的育儿的高度。

另一个家庭,微软公司奠基人、世界首富比尔·盖茨的家庭。微软推出了很多游戏,让世界无数的青少年沉迷于其中,但是,比尔·盖茨对自己的子女玩电脑玩游戏的时间却做出限制。他在一次新闻发布会上说,他和妻子梅林达决定,规定孩子每天使用电脑玩游戏的总时间只能达45分钟,周末则是一个小时,不过,利用电脑做功课的时间不在此限。

中国有句话叫"防患于未然"。然而,我们很多的父母后知后觉,总是在发现孩子迷上了网络,才开始限制他们上网;发现孩子学会了骂人,才开始教育他们不要骂人;发现孩子一次又一次地撒谎,才感觉到这种习惯不好;更有甚者,有些父母一直到孩子上大学后,将一个月的脏衣服快递回家时,才发觉原来自己的孩子是多么的懒惰啊!

即便是发现了孩子的不良习惯,父母们大多也是束手无策,除了粗暴的干涉,就是打骂。我们经常会听见很多父母说:"说了八百遍,孩子就是不改。"很多坏习惯一旦养成,就算说孩子八千遍也没法改。因为,"江山易改,本性难移。"

这是父母的无奈与悲哀!

训子千遍不如培养一个习惯。没有一个孩子不想做好孩子,他需要的是具体的帮助、具体的指导,父母一定要与孩子一起成长,帮助孩子培养良好习惯。

习惯是一种长期形成的思维方式、处世态度,具有很强的惯性。因此,习惯是可以在有目的、有计划的训练中形成的,也可以在无意识状态中形成。

孩子写作业磨蹭,不专心,写一个小时的作业站起来七次,一会儿打开电视,一会儿打开冰箱,一会儿站在窗边往外看。

妈妈说:"儿子,你是个很聪明的孩子,如果你努力学习一定能学习好。我刚才数了一下,你一个小时站了七次。是不是有点多了。"儿子意识到妈妈发现自己的毛病。妈妈接着说："儿子，我看你写一小时的作业站起来三回就差不多了吧。"儿子说："好吧，就三回。"妈妈说："不超过三回，当天晚上6点的动画片随便看。如果站起来的次数超过三回，当天晚上的动画片包括一切电视节目都不能看。"儿子高兴地同意了。

一个星期过去了，孩子有三天做到了一小时只站起来三次，晚上6点便大摇大摆地看动画片。但是有两天就没做到，一到6点还想看电视，妈妈说不可以，孩子打滚撒泼也不行，就是不能看。孩子慢慢就记住了。这样，经过大概一个月的时间，慢慢地孩子站起来的次数越来越少了。

要培养起一个良好习惯，第一，要有目标性，要把习惯具体化、数字化，根据实际情况调整。如同案例中妈妈的方法，逐渐增加或减少次数。

第二，找一个契合点，先从比较容易做到的、做起来有兴趣的事情开始，这样不仅能很快尝到甜头，而且能不断受到自己和周围人激励，只要工夫下大一些，花的时间长一些，良好习惯的养成就容易成功了。

第三，习惯养成关键在前三天，重在一个月。美国人研究发现，21天养成一个习惯，90天的重复会形成稳定的习惯。当我们下决心要培养一个好习惯之后，成功的关键在于前三天，特别重要的是前一个月。

第四，坚持不懈，直到成功。要有心理准备，不要指望一朝斩断坏习惯，也不要短期养成好习惯，一切贵在坚持。

英国人查·艾霍尔说："有什么样的思想，就有什么样的行为；有什么样的行为，就有什么样的习惯；有什么样的习惯，就有什么样的性格；有什么样的性格，就有什么样的命运。"凡是好的态度和好的方法，都要使它化为习惯。只有熟练得来的习惯，才能让人一辈子受用不尽。

第六章
睦邻有道：和谐家庭的交响曲

　　一个开放的家庭才是一个兴旺发达的家庭。除了家庭内部关系外，搞好亲戚朋友间的关系也是十分重要的。家庭是社会的一部分，哪家都会有个大事小情的，亲朋间的和睦相处有利于家庭和谐。"积爱成福，积怨则祸。"我们要永怀感恩之心，善待身边的每一位亲朋好友，携手共建和谐家庭。

1.

亲戚和谐是家庭和谐的动力

中国人由于血亲和姻亲，产生的亲戚关系相当庞杂。一个人可能没有钱，可能没有权，可能没有爱情，不可能没有亲戚。迄今为止，上学、入职、出国，甚至买房你都得填报社会关系。无论你们是亲昵还是生疏，无论是经常走动还是不相往来，因为血缘或者婚嫁，那些人就在那里。这些亲戚关系与每个家庭都有着千丝万缕的联系，这些关系既能推动家庭的和谐，又会破坏家庭的和睦。

刘林是从农村走出来的大学生，老家是革命老区，家里比较贫穷。当他拿到大学入学通知书时，曾经一度想放弃读大学，是母亲向亲戚们借了学费，刘林才进入大学读书，而且每学期的学费都是向亲戚们借的。

上大学期间，由于父母身体不好，刘林又远离家乡，家里的农活儿也都是靠亲戚帮着干的。因为考上了大学，有了出息，亲戚们也都觉得沾了光，所以每当刘林回家时，亲戚们也都热情地招待他，走的时候亲戚们也是大包小包地送，虽然都是些不值钱的当地农副产品，却是亲戚们的一番好意。

刘林大学毕业后，在市区某大型企业上班，经人介绍和城里的一个好女孩结了婚。婚后，小两口很恩爱，温柔的妻子对刘林很体贴。可是，小两口的和谐生活因刘林的老家亲戚们常来而被打破了。

有一次，刘林舅舅的小孩被热水烫伤了，让他帮忙找医生看病。舅舅一家对刘林的帮助最大，刘林自然不会怠慢，他领着舅舅一家人楼上楼下跑着找医生。舅舅的小孩看完病刚回家，舅妈又犯了胃病，也是找刘林帮着去医院看的病。从他上班至今，老家亲戚们就不断来找他帮忙，不是帮着找医生看病，就是让他帮着给找工作。刚开始妻子还很热情，但随着亲戚们来的次数增加而热情渐减，后来干脆拉着个脸，不跟亲戚说话了。而且每次亲戚走后，夫妻俩都得生几天气。

对此，刘林显得很无奈。不让亲戚们来吧，他张不开这个嘴，毕竟人家都曾帮过自己，可亲戚老来，妻子老生气，这样影响家庭和谐，也不是个事。

社区工作人员了解情况后，主动上门给刘林的爱人做工作，说既然接纳了丈夫，就应该接纳其家人，包括亲戚。同时，工作人员还向刘林提了建议，让他多和妻子沟通，得到妻子的理解和支持。在社区工作人员的劝解和刘林的努力沟通下，小两口的矛盾终于化解了。

现代家庭中，像刘林夫妻二人遇到情况大有人在。社区工作人员出面调解当然是好事，然而更多的时候还需要当事人自己处理亲戚关系，毕竟"清官难断家务事"，更何况外人插手家庭之事有"家丑外扬"之嫌。

既然我们无法摆脱各种亲戚关系，就必须正视这些关系，处理好这些关系。随着社会形态和人们生活方式的改变，传统的亲戚关系也有所变化。我们会发现亲戚越多，相聚越少，相聚越难，因为历史原因、家庭原因、个人原因，越来越多的亲戚们散居于各城、各国，过年吃团圆饭的习俗仍在继续，真正团圆的人数却有减无增；很多人年纪越大，越重视亲戚关系，但是年轻人与亲戚之间的感情依赖和互动已经不如同学、同事，甚至邻居、发小，他们之间的感情交流，也不再是拜年串门，而是 QQ 和微博；还有一些亲戚，如上文故事中的刘林一样，一人进城，众人来奔，投奔的那些人中有的是血亲，有的甚至是八竿子打不着的人，也许根本就只是老乡、战友；更有甚者，是只谈利益、不谈感情的亲戚。

不管哪种亲戚的存在，对于创建现代和谐家庭都是一种考验。这种关系妥善处理有助于家庭和谐，处理不当，对家庭的负面影响立竿见影。

　　良好的亲戚关系，必须遵循互相尊重，平等对待，一视同仁，尤其是注意尊重贫穷的亲戚。

　　亲戚间只有年龄、辈分的差别，而不应有贫富的差别，不应有门楣之见。穷亲戚往往比较敏感，有自卑和谨小慎微的心理，他们有事相求必定是经过一番思想斗争的，我们应当注意自己的言行，不要挫伤他们的自尊心。当亲戚生活上发生困难时，应尽力相助，做到"富不自贵"。

　　亲戚之间虽然有"亲"和"疏"之分，但是我们不能表现得过于直白。有的人对自己的父母、兄弟姐妹好，对爱人的父母、兄弟姐妹就另眼相待，这是很不妥当的。当然，也不能搞绝对平均，至少道理上应该说得过去。在亲属之间，人为地搞"亲"和"疏"，就会造成家庭不和、亲属不满而闹出矛盾，出现纠纷。

　　此外，亲戚交往，气量要大一些，切忌斤斤计较。你敬我一尺，我敬你一丈，这样才有利于关系的密切发展。

　　现实生活中，我们讲到人际关系时，总想着"沾亲带故"，实际上说白了也就是攀附亲戚。多个亲戚多条路，路多了事就好办了。与其刻意"沾亲带故"地攀附亲戚，不如从一朝一夕、一点一滴入手，用真情维系现有的亲戚关系，毕竟正常而纯洁的亲戚关系还是美好的，这也是维系每个家庭和社会所必需的。

2.

珍视兄弟姐妹手足情

　　世界上亲人之间相处最长远的要数兄弟姐妹，他们是从小到老，一辈子的相处。其时间长度超过了夫妻，也超过了父子母子。历来人们形容感情深厚常比喻为兄弟手足，甚至有超过夫妻感情的说法："兄弟如手足，妻子如衣服，衣服破尚可缝，手足断难再续。"当然，这种说法有失偏颇，却足以说明兄弟姐妹情深。

浓浓血缘,兄弟之义,姐妹之情,如同手足一般,彼此的关爱,不是一种简单的回报,它是一种甘苦与共、患难共存的亲情,是永远也割舍不断的。它是一种幸福,也是一种责任。

晋代,有一对兄弟,哥哥叫王祥,弟弟叫王览,两人同父异母,但从小就很友爱。继母不喜欢王祥,总指使王祥干许多力所不及的重活,每当这个时候,王览就去和哥哥一起干活,逼迫母亲停止对王祥的无理要求。

有一次,继母将毒药放到酒里想毒死王祥,王览看出了酒有问题,赶紧到哥哥房里夺回毒酒,王祥也看出了酒的毛病,更不忍弟弟受累,又把酒抢了回来。继母一看,吓坏了,只好把酒夺回去倒掉。

王览怕母亲再下毒害哥哥王祥,从此以后,每逢吃饭,都会过来和哥哥一起吃。继母这才不敢再害王祥了。弟兄俩始终亲密友爱,为当时人们所称赞。

宋朝,司马光和他的哥哥司马旦也是兄友弟恭的典范。司马光和哥哥从小相亲相爱,感情很好。长大后,两人外出谋生,各自求取功名,两人之间除了书信往来,还总要找机会聚聚,倾诉兄弟之情,一直到司马旦70多岁告老还乡,司马光还常回去看望哥哥,问寒问暖,闲话家常,兄弟俩一辈子保持着良好的亲密关系。

在中国历史上,也有一些不顾手足情,甚至为了自己的私利而把自己的兄弟看做不共戴天的敌人,甚至欲置其于死地的言行。这些人向来都会受到人们的谴责和鄙视。

三国时期,曹植是曹操的第四个儿子,魏文帝曹丕的同母弟,生前曾封陈王,死后谥号"思",后人称为陈思王。他是我国魏晋文学的代表人物之一,在诗歌创作方面更被誉为"建安之杰"。

曹植青年时代就抱有建功立业的雄心，曹操也一度认为他是兄弟间"最可定大事的人"，几次打算把他立为魏太子，所以在继承问题上曹植遭到他的哥哥曹丕很深的猜忌。

公元 220 年，曹操生病去世，曹丕继承父位为丞相，不久废掉汉献帝，自立为帝，就是魏文帝。从此，曹丕便开始对曹植进行迫害。

一次，曹丕找借口拿下曹植问罪，欲置之于死地，限曹植七步之内以"兄弟"为题，却不许出现兄弟字样成诗一首，否则绝不宽容。

曹植并不慌乱，他不假思索，应声迈开脚步，走一步念一句："煮豆燃豆萁，漉豉以为汁，萁在釜下燃，豆在釜中泣。本是同根生，相煎何太急。"曹植在诗中借豆和豆茎比喻兄弟，根喻父亲，全诗借豆子和豆茎的关系讽刺了哥哥迫害兄弟。

曹丕听了，又惭愧又心酸，暂时放过了曹植。不过在曹丕的严密监视下，曹植一直生活在苦闷和压抑之中，年纪轻轻就死了。

曹植七步成诗的故事，虽然正史并无记载，但《七步诗》以其豆相煎比喻骨肉相残，真实地反映了曹丕、曹植兄弟间的关系。其实，曹丕作为一代帝王，出身名门，也并不是不懂兄弟之情，只是他看重王位之心超过了对兄弟的友爱之情，不惜违背了人性中的善良。曹丕不顾手足情的行为从古至今都受到人们的谴责。

现今社会之中，曹丕这种人人有人在，某些人为了争夺财产不惜与兄妹翻脸闹上法庭，或为了某点小小利益兄弟之间互不相让甚至大打出手，也许财产争夺到了手中，那份美好的人伦之情被破坏殆尽。

兄弟姐妹之间矛盾的激化，从时间上来说，大多发生在各自成婚之后。婚前，兄弟姐妹们围绕着"父母"这个家庭中心，各方面的利益基本一致，而且热爱父母的共同心态使大家自然亲密；婚后，大家各为各家，利益的中心发生了转移，感情虽深，骨肉之情也不免衰落了很多，容易出现矛盾。

在这些情况下，兄弟姐妹之间的谦让显得十分的必要。小的时候，我们可能因为读过"孔融让梨"的故事会将一个梨子、一粒糖果,让给自己的兄弟姐妹们吃,为什么我们不能保持这种谦让的精神,在十年、二十年,一辈子之中都对手足之情持这种谦让之态呢?

民间有一个共识:"打虎亲兄弟,上阵父子兵。"老虎越来越少了,早已经成为了保护动物,自然不用亲兄弟齐心协力打虎了,蓦然回首,随着社会形态的变化,独生子女的家庭越来越多了,更多的人无兄、无弟、无姐、无妹,老虎不用打了,兄弟也没了,若干年后,老虎只能在书中看到,兄弟姐妹情也只能在梦中憧憬。

今生能做同胞兄弟姐妹,是上苍赐给每个人的缘分,请珍惜这份愈来愈珍贵的情分吧! 兄弟姐妹情是人类最美好的感情之一,只有继承人性中的这种善良,才能在新时代爱朋友、爱同学、爱同事,才能关心他人和关心社会,才真正做到"四海之内皆兄弟也"。

3.

邻里和谐是家庭和谐的延伸

俗话说"远亲不如近邻"。的确如此,在单位,与上司、同事接触,回家后,自然要与邻居、家人相处。一个人只要在社会上生活,只要不离群索居,总是要在街坊邻居中同他人或其他家庭发生邻里关系。好的邻里关系对人的成长和社会的稳定作用是极其重要的,邻里"近在咫尺",他们的适时帮助,体贴照顾,能解燃眉之急。因此,和睦的邻里关系,是家庭和谐的延伸。

亲戚之间,相连的是血缘关系,而邻居之间,没有固定联系,只能靠自己把握好关系。中华民族历来有"和为贵"的思想,古人讲究与邻为善,亲善邻里,在处理邻里人际关系时,提倡互敬互爱互助的道德要求。早在春秋时期的诗经中就有"凡民有丧、匍匐救亡"的诗句,描述了当时一位普通妇女在邻里遭遇凶祸时尽力救助的动人情景。

晋代，有一位叫朱冲的人，他为人厚道，好学沉稳，因家境贫寒，不得不常常到田间做农活。朱冲的邻居是个性情粗暴的人，一次，邻居家里丢失一头牛犊，认定朱冲家的牛犊是他的，便牵走了。后来，邻居家又在树林中找到了丢失的牛犊，他感到非常惭愧，便把朱家的牛犊送回朱家。

邻居的牛还常跑到朱冲家的田里去吃庄稼，朱冲不但没把牛打跑，反而将牛牵到一根柱子前绑好，还割了一大把青草喂牛。这个邻居见朱冲如此厚道，更加惭愧，在朱冲行动的感召下，他逐渐改掉了他粗鲁的脾气，与朱冲成为了好邻居。

居家过日子，总有出现困难的时候，这时大家必须互相帮助，才能渡过难关。特别是在如今钢筋水泥的建筑中，人们的情感越来越冷漠，有一个好邻居，如同自己多了一个良师益友，有一种好的邻里关系，更让自己受益无穷。

现实生活中，有许多人的行事原则是"各家自扫门前雪，休管他人瓦上霜"。这样一来，既不得罪别人，也把自己的事处理得井井有条。可是，既然自己有余力，何不多扫几处雪？在把握邻里关系中，这是很重要的一点。人们都希望在自己困难时，有人伸出援助的手，在邻里之间也同样。要想别人帮助自己，首先应以帮助别人为前提，这样的互帮互助，才能让自己的希望成为现实。

清代有个"六尺巷"的故事，说的是康熙年间，当朝宰相张英的家人打算扩大府宅，便让邻居叶侍郎家让出三尺地面。叶家也不好惹，不买张家的账。张英的夫人就写信到京城让张英出面干涉，张英对家人倚官欺人的做法很不满意，写了一首诗回答夫人："千里家书只为墙，让他三尺又何妨？万里长城今犹在，不见当年秦始皇。"

夫人看了张英的信后，很惭愧，按张英的意思命家人后退了三尺筑墙。叶家听说这件事后，也很感动，也将院墙后退三尺。

　　结果,在张、叶两家之间让出一条方便乡邻的六尺小巷。于是,有市井歌谣云:"争一争,行不通,让一让,六尺巷。"

　　古语有云:"塞翁失马,焉知非福?"在争夺小利小惠时,难免伤了邻居和气,何不站在对方的立场上,多为对方想一想,当我们放宽眼光,才能有更多的收获。"六尺巷"的故事能成为口碑,不正好说明了这一道理吗?

　　互相帮助,才能让自己从中受益,这点人们并不难理解,仅仅有这种意识是远远不够的,必须将思想与行动相结合,靠自己点滴用心积累。比如,有的邻居工作和学习很忙,时间比较紧,或家中人手少,有孩子拖累,你要是上街买菜,不妨主动问一下邻居买什么菜,顺便帮邻居买回来;有的邻居有客人来访,而碰巧家中无人,在弄清对方身份的前提下,或请客人留张纸条,或将客人引入自己家中稍候;如果邻居家有人患病,要表示慰问,并主动帮助请医生或护送住院;假如邻居因公出差,可以适当地应邀帮助照顾家里,诸如买粮、买煤等;邻居若是全家出了远门,也可帮助照看家,义务为邻居防火防盗;邻居如果发生了突发性困难,在钱粮和物品方面应主动帮助,以济邻居一时之难;邻居家里吵架生气,或遇到烦恼、伤心的事求助于你时,不应袖手旁观,应主动去劝解和开导;在邻居结束繁忙的一天,疲惫地归来时,打声招呼,也许这些简单问候能立刻让人倍感温馨……

　　我们所做的每一件事都能在一定程度上拉近人与人之间的距离,经过长时间的积累,心与心的距离将会越来越近,这样当你遇到困难时,大家也会用心来帮助你。于是,和睦的邻里关系自然产生了。

4.

朋友是无价之宝

　　儒家经典《论语》开篇伊始,便说"有朋自远方来,不亦乐乎?"可见,与朋友交往聚会是一种快乐愉悦的享受。

现代人奔忙于生计时，常常将一句民间俗语挂在嘴边："在家靠父母，出门靠朋友。"假设一下，一个人除了自己的亲人之外没有一个朋友的话，他如何在社会上生存和发展？这个人肯定会生活在黑暗和孤独之中。

朋友和亲人一样，是人们在社会生活中不可缺少的一种人际关系。古往今来，无论是达官显贵，还是贩夫走卒，也不论是正人君子，还是鸡鸣狗盗之徒，人人都是要结交朋友的。朋友是无价之宝。

当你需要帮助时，朋友可以伸出援助之手；当你被欺负要找人诉苦时，朋友正是诉苦的好对象；当你取得成功需要人分享时，朋友可以同你一起高歌；当你需要安慰时，朋友就可能是你心灵上的支柱。总之，如果没有朋友的存在，人生就缺乏了应有的欢乐。

不过，朋友也是有好坏之分的，好的朋友能为你带来欢乐，有助于你的成功，不好的朋友可能会给你带来伤害，甚至毁了你美好的人生，对自己、对家庭都是不利的。因此，交什么样的朋友显得至关重要。

时代在变，人的价值观也在变，交朋友的标准更是千差万别，即便如此，我们仍然有规可循。早在两千年前，孔子就为我们提供了一个学习与思考的典范。孔子有句关于交友的名言是这样说的："益者三友，损者三友。友直，友谅，友多闻，益矣。友便辟，友善柔，友便佞，损矣。"其中的思想就是，同正直、诚实、博学多识的人交朋友会有益，同吹牛拍马、两面三刀、诌媚逢迎的人交朋友只会有害。孔子和他的贤人弟子们相互之间处理友情关系的原则就是：不以贵贱论长短，朋友无远近不分厚薄，相互欣赏，相互帮助。

对于这个物欲横流的社会而言，孔子的交友格言仍然具有十分积极的意义，诸如俞伯牙和钟子期那样感动中华民族几千年的知音挚友更是值得人们效仿。

　　俞伯牙，本来是春秋时期楚国人，在晋国做官，官至上大夫。俞伯牙从小就酷爱音乐，琴声不仅优美动听，而且意境高远。虽然有许多人称赞他的琴艺，但他却认为一直没有遇到真正能听懂他琴声的人。他一直在寻觅自己的知音。

　　有一年，俞伯牙奉晋王之命出使楚国。在完成使命之后，他决定改走水路返回复命，以便一路游山玩水，探访知音。有一天，他行至今天的汉阳江口，忽遇大雨，江面风急浪涌。他便命船家就近停泊在一座小山下。这一日，正是八月十五中秋节。

晚上，风住雨停之后，望着迷人的景色，俞伯牙兴致大发，便命童子焚香摆琴，意欲弹奏一曲，以遣情怀。然而，一曲未了，断了一根琴弦，俞伯牙顿觉惊讶，古人有一种说法，人在弹琴的时候，如果突然断了弦，就表明有人偷听或者预示着某种不祥之兆。俞伯牙忙命令仆人上岸，到芦苇丛中或者树荫深处搜寻。

这时，岸上突然有人答话说："船上大人不必生疑，小子并非奸盗之徒，乃是樵夫。只因砍柴归晚，遇到风雨，在崖石下避雨，听见你弹琴，我就听了一会儿。"俞伯牙颇不以为然地说道："打柴之人也敢说'听琴'二字，岂不是假话。"樵夫并不示弱，回击了他的话。

俞伯牙见此人言语不俗，便进一步问道："既然你能听琴，那么，我问你，我刚才弹的是什么曲子？"樵夫笑着回答说："大人刚才弹的是孔子赞叹弟子颜回的曲谱，只可惜，您弹到第四句的时候，琴弦断了。"接着，樵夫随口吟出了第四句的歌词。俞伯牙听了樵夫的这番回答，不禁喜出望外，忙邀请他上船来深谈。

俞伯牙决定考一考樵夫，便指着手边那把属于稀世珍宝的瑶琴问道："你既然能听琴，一定认识这把琴吧。"樵夫不慌不忙将琴的名称、来历、材质、构造、音色，以及弹奏要求和相关的古代传说，说得详详细细，清清楚楚，丝毫不差。

听了樵夫的这番讲述，俞伯牙心中不由得暗暗佩服，接着又要樵夫理解音乐意境。当伯牙弹奏的琴声激越高亢时，樵夫说："巍峨壮美呀！大人志在高山。"当琴声变得清新流畅时，樵夫说："宽广优美呀！大人志在流水。"

至此，俞伯牙彻底叹服了，想不到自己渴求多年的知音就在面前，如此神交契合，真是相见恨晚。他立即站起来，紧紧抓住樵夫的双手，命仆人摆设酒宴，款待知音。席间，两人互通了姓名。樵夫名叫钟子期。俞伯牙主动提出结拜为兄弟，日后生死不负。

俞伯牙意犹未尽，邀请钟子期随船同行几日。钟子期推辞说，家中有年迈的双亲，需要早晚侍奉。俞伯牙又进一步邀请钟子期到晋国去。钟子期仍然诚恳地拒绝了。钟子期对父母恪尽孝道，对朋友忠信诚恳的品格深深感动了俞伯牙。俞伯牙当即表示，自己在明年这个时候，还会到这个地方来与钟子期相会。

第二年中秋前夕，俞伯牙如约来到了汉阳江口，可是不见钟子期来赴约，于是他便弹琴召唤这位知音，还是不见人来。第二天，俞伯牙便离船登岸，打算到集贤村去寻找钟子期。在路上向一位老人打听，才知道钟子期不幸染病，已经去世了。老人告诉俞伯牙，钟子期临终前要求埋葬在江边，说是早与朋友约好了，八月十五在汉阳江口相会，自己要在约好的地方等待朋友的到来。

听了老人的叙说，俞伯牙悲痛万分。他找到钟子期坟，整衣下拜，放声大哭，然后坐在坟前的祭台石上，心手相应，情真意切地弹起了思念朋友的歌曲。俞伯牙肝肠寸断，弹奏的曲调也悲切凄婉。弹毕，俞伯牙长叹一声，割断了琴弦，将心爱的瑶琴在石阶上摔得粉碎，无限悲哀地说："我唯一的知音不在人世了，这琴还弹给谁听呢？"从此，俞伯牙再也不弹琴了。

"俞伯牙摔琴谢知音"的故事千百年来一直是中华民族表达朋友情谊的集体原型意象。这个故事虽然具有较浓的传奇色彩，却寄予了人们渴望挚友的美好愿望。从这故事中我们可以看出，理想中的朋友是以"群分"的，尽量找一些精神上同调，志趣上同好，行为上同伴的人交朋友。

交朋友还必须有个前提，但凡以破坏社会基本秩序，颠覆普世价值观念，践踏道德规范，侵害他人财物的人，都不易为朋友。同时，与一些吃吃喝喝，抹牌赌博，狎妓嫖娼等低级趣味和堕落行径的人在一起，也只能称为臭味相投的"酒肉朋友"，这些都是不利于正常家庭的和谐关系的。

明白了交友对象，我们就应当在维护朋友关系、增进朋友情谊上多下工夫。

交朋友，首先，要奉行"忠恕之道"，即设身处地为朋友着想，切不可私利优先；其次，与朋友相处，一定要注意礼节，注重信义；最后，朋友之间应该经常直言劝告，开展批评，切不可沆瀣一气。

有首歌这样唱道："人生几十年，总会有风雨来陪，潇潇洒洒赴会，今不醉不归，往事后不后悔，慢慢去体会，此刻朋友这杯酒最珍贵……"朋友就像一杯酒，愈久愈醇，需要细细去品味。

5.

和谐的同事关系让人更快乐

家庭是一个"小家"，社会是一个"大家"。对于现代的人而言，除了家庭成员外，与同事间的交往是最为密切的。和谐的同事关系，能让人工作愉快，事业顺利，不和谐的同事关系，不仅让工作无法开展，还会让不良情绪蔓延到家庭之中，成为破坏家庭和谐的潜在危险。

同事之间的关系既是一种协作关系，也是一种竞争关系，那么，职场人怎样才能处理好两则之间的关系，创造出和谐友好的同事关系呢？

黄阳工作多年，能力出众，业绩比较突出。但是，有个问题一直困惑着他：怎样与同事和谐相处。在工作中，他发现自己很难融入同事们的圈子里面，周围的同事大多一开口说话就是脏话，让他很不适应。黄阳觉得同事们的素质很低，因此也很少和他们交流，现在他越来越觉得和同事间的关系冷漠，有时候见面也不打招呼。

其实，在业余生活中，黄阳还是有很多的好朋友，他们平时在一起是很开心的，有说有笑，但是一旦在工作中面对那些同事，他的心情就很糟糕，无法融入他们的话题中。工作是一个人生活的一部分，每天绝大多数时间都是在单位里度过的，而黄阳现在的状况很糟糕、很郁闷，如果一直这样下去，他感觉自己真

141

的快要崩溃了。

黄阳的苦恼是现代很多人所共有的。在现实生活和工作中，有些因素对人起积极的促进作用，如对自我和他人的正确认知、开朗乐观的性格、宽容大度的胸怀等，有些则起到阻碍作用，如过于自信、排斥、羞怯、猜测、孤独心理等。与同事没有共同语言，不能和谐相处，自然会产生郁闷的心情。这样的心情如果长期得不到改善，还会引发其他不良反应。

黄阳是一位工作多年的人，按理说社会阅历丰富，适应环境的能力应该也还可以，但他却感觉很难融入同事的圈子里，其主要原因有以下几个方面：

第一，过于自我。只是喜欢以自己想要的方式来看待同事，同事的表现一旦不符合自己的意愿，就会产生厌恶或不愉快的体验。同事说脏话也好，不打招呼也好，这些都不是黄阳想要的，他想要的是同事之间热情和有说有笑。但是，他却没有想过这样一个问题：你究竟为你想要的东西做了些什么？事实上，人与人之间只有相互谅解，才有愉快沟通的可能，只有充分沟通，才能心理相融。

第二，抵触心理。黄阳认为同事爱说脏话，素质低，对所有的同事产生了抵触的心理，从心理上就否定了自己所从事的工作，自然也不会在行动上靠近同事们，在情感上对他们也不会产生好感。消极的情绪体验又加剧了他对同事的消极态度，态度又影响他的行为，周而复始，形成恶性循环。他与同事之间的关系冷漠也就不足为奇了。

第三，过度放大了同事的缺点。黄阳认为同事一开口就说脏话，未免有些夸张。这种夸张的认识会让他更加感觉到同事的素质低，这种认识直接影响他与同事的交往行为、交往频率和交往结果。反过来，他对朋友的认知却不同，由于有共同语言，朋友之间相处也就轻松自然。由于他夸大了同事存在的毛病，才使他与同事之间的关系一直不融洽。

现代社会中办公室内的人际关系的重要性是不言而喻的，一个无法正确认识同事关系的重要性，不会合理、妥善地与同事交往又不善于利用这种关系的正面效应的人，是很难立足于这个瞬息万变的新时代。良好的人际关系将会使你在工作中、职业生涯发展中占据主动，左右逢源。同事间人际关系的建立有着特殊的关键点，我们不妨试试以下几点建议：

1. 学会变通。社会是一台大机器，每个部位都有自己的规章制度和运行秩序，不可能因为迁就某个人的个性而改变运行方式。因此，变则通。要想适应工作环境，必须学会改变自己。在我们的周围，存在着各种各样的人，尽管这些人存在着这样或那样的不足，但他们和我们自身一样需要别人的理解、需要得到别人的尊重，他们有缺点，同时他们的身上也会存在着一些优点，只有尊重他们，才能与他们打成一片。值得注意的是，在这个过程中，我们必须注意保持自己好的东西，改正错的东西，不能为了迎合同事而染上了一些不好的东西。

2. 宽容他人。人与人是不同的，我们要学会宽容别人的缺点，忘掉那些令你不喜欢的语言和那些让你情绪激动的因素，同事之间千万不要"记仇"。接受别人，也就是认可自己，多看别人的长处，从你不欣赏的人身上找出闪光点加以学习，对我们每个人来说都是非常重要的。

3. 心态平和。把同事当做是一位新结识的朋友，用真诚的心与他们交往，在工作、生活中及时帮助他们，把个人的成见推开，把有色眼镜摘掉，不夸大、不轻视，公正看待。学习他人长处，换一种心态来看待周围的同事，找出他们身上的优点，在生活中不断地充实自己，你会慢慢喜欢上你的同事，融入他们中间，享受美好的人际关系。

4. 换位思考。与人交往时，哪怕你说了一百句中听的话，只要第一百零一句话伤害了别人，前面的努力都会付之东流。因此，我们必须学会说话的技巧，不要因为语言上的失误而损害了友谊。这时就需要我们经常换位思考，站在他人角度多考虑同事的切身感受，相信我们就会减少很多误会。

5. 与人为善。在与同事交往的过程中，要与人为善，有时必须敞开心扉，有些心事可以与同事或好友一起分享，这样既可以增加你对他们的信任度，他们也会给你提供更多的思考空间，帮助你全面地看待问题。反过来，同事遇到困难时助其一臂之力，同样重要。

6. 见缝插针。我们平时的工作都很忙，但是我们可以利用一切方式或场合与同事们建立稳固的、全方位的和谐关系。如在去洗手间的路上，去某个人的格子间里打个招呼，和同事寒暄几句；花一两分钟的时间，赞美某个人的某一项具体成就；在商务电话中、在往返停车场的路上、在午餐时、在走廊里、在专业人士交流会的间隙等等，和谐的同事关系是一点一滴积累起来的。

许多人常用"运气不好"来作为自己事业无成、工作不顺、或升迁无望等遭遇的借口。事实上，好运是以人际关系为媒介的来去之物。部分好运的确是偶然性所带来的，但大部分的好运都离不开良好的人际关系的帮助，对上班族来说，尤其是同事关系的好坏与否，几乎可以决定一个人的前程、命运。

因此，亲切、融洽的同事关系的重要性，怎么强调也不过分。如果到了你需要同事关系发挥作用的时候才采取行动，那就太晚了。

6.

开放的家庭才会兴旺发达

家庭是一个系统，由各个独立的部分联合构成的一个具有一定目标和功能的整体。家庭成员中没有完全相同的，每个人都是不同的，处于不同的成长水平。如果把家庭成员看做一块块积木，家庭生活就是用这一块块积木搭建各种有趣而稳固的事物，你会发现，家庭成员的差异越大，你能够搭建的有趣的事物就越多，你从中获得的乐趣也越多。不论是什么样的积木，你总能找到一些方法或使用一些工具使你所搭建的事物保持平衡稳定，并且保持稳定的方法还不止一种。这就是家庭的包容和开放。

家庭成员之间可以很开放地谈自己的想法，只有这样，家庭成员之间才不至于积下一些不可调和的矛盾，当一个人遇到问题的时候，其他的人才能够很好地理解他，真正达到一种默契，成为心心相印的一家人。

以中美两国的家庭教育为例，美国式的家庭教育不同于中国式的教育，中国孩子通常以成绩定好坏，美国家庭更多的是给孩子提供自由发挥的空间，这种开放式的家庭教育更利于孩子的成功。

　　2012 年 5 月 18 日,全球最大社交网络公司"脸谱"Face-book 在纳斯达克上市,估值达 1040 亿美元。Facebook 的创始人,28 岁的马克·扎克伯格,成为历来全球最年轻的自行创业的亿万富豪。

　　1984 年,马克·扎克伯格出生在美国纽约州的一个犹太人家庭,父亲是一名牙医,母亲则是一名心理医生。非常不错的家庭条件为马克·扎克伯格的成长创造了优越条件。

　　马克·扎克伯格的父亲非常崇尚科技的力量,他相信科技可以改变人类的生活,科技也将服务于人类。因此,父亲的办公室一直以来也都以科学技术为导向,总是装备着最新的高科技工具。

　　马克·扎克伯格出生那年,父亲购买了他的第一台电脑,成为世界上第一批拥有个人电脑的人。虽然那个电脑的硬盘容量只有现在普通计算机的 25%,但是,正因如此,马克·扎克伯格在很早的时候就接触到了电脑,并很快对这种高新科技产品产生了浓厚的兴趣,他的这种兴趣恰好被父亲发现,并重视起来。

　　父亲为了更加准确地引导好儿子走向最适合他的发展道路,就非常细心地观察儿子生活中的一举一动,很快发现儿子有极好的观察能力,看待问题也很有远见,能够看透事情的本质。父亲非常尊重孩子,他认为兴趣才是学习的动力。

　　父亲非常反对极端形式的家庭教育,他认为孩子们需要全面发展,需要工作和学习的时间,他甚至认为,孩子更需要的是玩的时间。对孩子进行惩罚在对孩子的教育上不一定有用,父母只需当场指出哪些行为是不能容忍的就可以了。

　　马克·扎克伯格小时候听家里的音响在唱歌,就产生了兴趣,总想弄清楚唱歌的人是怎么"钻进"音响的,结果他趁着父母不在,将音响拆开了,父亲知道后并没有像大多数父母那样暴跳如雷,反而还鼓励他说:"做得好。"

　　随着马克·扎克伯格年纪的增长,他对于科学的探究欲望愈加强烈。马克·扎克伯格从小就受到良好的引导和教育,虽然他后来并没有沿袭父母亲的职业,但形成了属于自己的,良好的学习和生活方式。

在父母亲身边，马克·扎克伯格学会了如何进行独立思考，学会了自主选择，从而发现了自己对于计算机的钟爱。由此可见，马克·扎克伯格之所以能够成就梦想，这与他小时候良好的学习与生活环境是分不开的。

在马克·扎克伯格的整个成长过程中，最初的家庭教育扮演了非常重要的角色。马克·扎克伯格正是在这样的自由空间中，兴趣和潜质都得到了充分的开发，并且取得了后来的巨大成就。

我们中国大多数父母都喜欢把爱埋在心里，喜欢含蓄，如果一些想法不表达出来，又怎么能让孩子理解和体会到呢？因此，父母不能把爱只埋在心里，应该把它放在嘴上。如果有工作上的快乐或烦恼时，建议父母讲给孩子听，不要认为孩子太小理解不了，或是怕孩子伤心不想让他知道。中国的父母认为不让孩子过早地参与到家庭事务，是出于对孩子的爱与保护，结果却事与愿违。孩子会始终觉得自己游离于家庭之外，家里的事什么都不知道，会有一种孤独感。因此，父母应该保证家庭成员之间真正平等的关系，不因年龄的大小、地位的高低而区别对待，家庭中的每个人都应该受到大家的尊重，每个人都有发表意见的权利。

当家庭成员之间的沟通方式平等了，成员之间的交流更直接、更清楚、更具体了，有利于达成一致的意见，家庭成员的自我价值感会相应地提高，能够促进家庭的和谐与发展。

家庭成员之间需要敞开心扉，整个家庭也需要对外开放。一个国家要通过改革开放才能富强起来，何况一个家庭呢？家庭与社会是紧密相连的，只有开放式地接受外面的新鲜事物，才能兴旺发达。

社会是在进步的，家庭也应该与时俱进，顺应时代，与现实联系，符合时宜，有建设性，当家庭与社会的一些规则脱节时，家庭就要改变；当社会出现一些新的机遇时，家庭成员能够及时抓住。

总之，一个包容、开放的家庭，才有接受新事物的魄力，才具备创造新事物的能力，才能做到兴旺发达。

第七章

用心经营:和谐家庭的平衡木

    创建和谐家庭需要善于经营。在如今的这个物质时代,家庭的和谐不仅需要感情的维系,而且还需要金钱的平衡。每个人都要扮好自己在家庭中的不同角色,巧妙化解家庭成员之间的冲突,用心经营幸福;每个人都要学会理财这门大学问,正确把握家庭理财的方向,开心经营财富。

1.

民主的家庭更和谐

近代学者胡适先生有一个比较奇特的爱好,喜欢收集世界各国男人害老婆的故事。"二战"期间,在收集此类故事的过程中,胡适发现,在世界各个国家当中,只有三个国家没有怕老婆的故事流传在外:德国、日本和俄国。他对俄国研究不多,不知道俄国究竟有没有怕老婆的故事,但是对法西斯"轴心国"德国和日本研究较多。至于同为"轴心国"的意大利,倒有很多怕老婆的故事。胡适凭直觉得出结论:意大利会跳出"轴心国"的。果然,四个月之后,意大利真的跳出来了。据此,胡适得出了一个结论:凡是有怕老婆故事的国家都是自由民主的国家;反之,都是独裁和极权的国家。

胡适的论调或许过于捕风捉影,但是仔细想想觉得也有道理。因为,国家的基础单位是一个个家庭。在一个国家中,如果充斥着大量独裁家庭,国家出现独裁也是理所当然的了。

家庭是由每一个成员组成的,家庭内部的环境是否宽容和民主,往往决定这个家庭的幸福指数。进一步讲,一个家庭内部的气氛如何,往往也影响到所有家庭成员的一言一行。往大的方面讲,如胡适所推断的那样,如果一个社会缺乏民主的氛围,缺少理性、包容与自由精神,那么这个社会里的成员之间就会充斥着仇恨、嫉妒、暴力等诸多因素。

家庭的构成情况是多元而复杂的,不同年龄、不同职业、不同经历、不同认知发展水平的人,构成了完全不同的家庭。不同类型的家庭又有着不同的沟通与运作方式,比如中年一代人与其上代人对家庭民主与平等的认识已经有太多的不同,而青年一代的家庭观念与其上辈相比则走得更远,近年来居高不下的离婚率就是这一现实的真实反映。要想将众多的不同因素融合在一起,建立起一个和谐的家庭,就必须遵循民主原则。

当代中国家庭大多以三口之家为主,在这样的一个三口之家中,民主存在于夫妻之间,存在于父母与孩子之间。提倡家庭民主,主要是实现夫妻间的民主和父母与孩子间的民主。

在中国传统文化中,女性的历史地位是比较低的,即使是当代,女性因为要承担社会和家庭两份责任,她们超负荷工作和忍让也大于男性,这是极为不平等的。作为丈夫应当体谅妻子,共同分担家务劳动,不要让妻子过多地被家务劳动拖累而对婚姻产生厌倦。

夫妻双方除了家庭外,应该共同承担家庭的责任和义务,家中的事情共同做决定。特别是在财务开支上,夫妻两个人共同商量家庭开支,并且都确信两人都能从合理的财务安排中获益。

夫妻双方要相互尊重、信任和支持:支持对方的生活目标;尊重对方拥有自己的朋友、活动和思想;不带任何主观判断地倾听对方;情感上彼此理解;重视彼此的意见。当双方发生冲突和矛盾时,彼此要有意寻求满意的解决冲突的方式,接受各自的变化,在冲突中都有可以妥协的意愿,只有这样婚姻才能长久。

家庭暴力对民主与和谐的破坏力是巨大的,这是现代家庭生活中绝不能允许的。什么行为是家庭暴力,人们的认识是模糊不清的,很多人认为打、砸、踢、推搡以及强迫发生性行为是暴力,这只是明显的暴力行为,愤怒争吵、大叫、争吵中说一些侮辱性的话,以及控制对方的经济收入、限制对方与异性交往等,这些行为也是隐性的家庭暴力,后果同样是严重的,会让夫妻滋生不安全感、心情压抑、彼此的不信任,甚至出现因"无话可说"而放弃表达各种的思想和情感等,最终同床异梦。夫妻双方要尽量找到平衡点,要相互支持与鼓励,实现双赢的局面,切不可陷入无休止的家庭暴力之中。

再次回到"怕老婆"的话题上。生活中,我们常嘲笑某个人"怕老婆",其实男人有几个真正怕老婆的,只是男人怕老婆生气、怕老婆伤心而已,正因为这种"怕",表明了家里就有了女人发表意见的一席之地,有了一种平衡,正是因为这种"怕",遏制了家里的大男子主义,让更多的事情可以实现夫妻的民主协商。"怕老婆",对于家庭的和谐来说没什么不好的。

关于父母与孩子间的民主问题，本书前面章节也曾提到过，这里我们通过案例来做说明。在我国近代史上，宋氏家族对中国有着深远的影响，尤其是宋氏三姐妹——宋霭龄、宋庆龄、宋美龄，在中国近现代史上具有特殊的地位，被誉为20世纪世界上最杰出的女性。那么，这三位杰出的女性是在一个什么样的家庭环境下成长起来的呢？

宋耀如、倪桂珍夫妇都是基督教崇尚者，同时也信仰老子的"无为而治"及西方的民主、自由的教育。他们认为传统的"三从四德"是对民主教育的反叛，因此竭力抵制。他们教育孩子要自食、自立、自信、自强，树立男女都一样的平等观，培养他们的社会责任心，对他们采取了民主的开放式的新式教育。

宋耀如教子坚持了三个最基本的思想：一是"不计毁誉，务必古先"；二是男女都一样；三是和孩子们做朋友。

长女宋霭龄还在襁褓之中时，宋耀如就给女儿买来很多新奇的玩具。每买来一个玩具，他都把玩具放在适当位置，以新奇来吸引孩子，让孩子爬过来，很费力地才能得到。孩子有时因得不到而哭或是因跌倒而不再爬起来时，大人并不是去帮忙，而是拍手鼓励，直到孩子拿到玩具而露出笑容。

当孩子牙牙学语的时候，宋耀如常常给他们朗诵赞美诗，声情并茂，给孩子以美感，给孩子以幻想。妈妈倪桂珍则教他们识字绘画，讲解一个又一个精美的《圣经》故事。很快，爸爸的小号大家都会吹，妈妈的钢琴大家都会弹，这些超常的智力启蒙，使孩子们受益终生。大方的言谈举止、活泼的天性、宗教的信仰、音乐的风范，在宋氏姐妹身上一个个淋漓尽致地体现出来。

宋庆龄七岁生日时，宋耀如和妻子暗暗商定，要送女儿一个有意义的礼物。为此，倪桂珍花了一夜工夫，为女儿做了一个花书包。宋耀如看了，道："礼物不能俗套，要富有成效又有新意，何不绣上几句新语，给孩子以启示。"于是，倪桂珍又花了半天工夫绣上了"天高任鸟飞海阔任鱼跃"。

第二天，当宋耀如把这两句话送给宋庆龄时，她高兴地读了一遍又一遍，她说这是7年来爸爸妈妈送给她的最好的生日礼物,她要把这两句话抄在记事本上,记在心里。

宋霭龄和宋美龄天资聪颖,大胆泼辣,在她们只有 5 岁时,宋耀如就送她们到寄宿学校中西女塾读书。宋庆龄虽然聪明,却不像姐妹那样大胆泼辣,锋芒毕露。7 岁时,父亲也送她到中西女塾读书。宋霭龄 13 岁时,宋耀如夫妇把她孤身一人送到美国求学,使宋霭龄成为中国近代史上最早赴美国接受高等教育的女子之一。

宋霭龄极富音乐和表演方面的才华,宋氏夫妇便努力做大女儿表演的最佳"搭档"。在傍晚时分,常常是由倪桂珍弹奏钢琴,几个兄弟姐妹围在一起,听宋耀如和大女儿的男女声二重唱。

宋庆龄生性稳重、腼腆,和姐妹兄弟们在一起时,她总是最文静的一个。不过宋耀如为孩子们营造的生活环境和气氛,也使宋庆龄于天性之外受到裨益。在假期里,三姐妹和小兄弟们在院子里玩耍,爬过院墙到别人的田地里嬉戏;他们到田野里奔跑,采集花草,捕捉虫鸟,无拘无束地尽情欢笑。

宋氏三姐妹就是在这样具有浓厚民主思想的家庭里培养和熏陶出来的。也只有这样的家庭和宋耀如、倪桂珍这样的父母,才能够培养出宋氏三姐妹这样的人来。

中国自古就有"棍棒底下出孝子"的说法,高压或暴力的教育虽然会立竿见影,但这样对孩子的长远发展是很不利的。孩子的成长应该是在愉快、欢乐、积极的教育方式中获得的,父母要多沟通、多引导,摆正自己的位置,避免高压的教育方式,采用民主、和谐的家庭教育方式,这样孩子才会对自己有信心,懂得热爱生活,尊重人性。

总之,不管是父母,还是孩子,都要认真听取家里每个人的意见和建议,尊重每个人的想法,家庭成员之间越民主,人与人之间的关系就会越融洽,家庭也会越和睦。

2.

扮好转换中的家庭角色

我们常说"人生如戏"，人生这场大戏能否精彩，关键在于演员能否演好，同样的道理，家庭能否和谐，在于家庭中的每个成员能否扮演好转换中的家庭角色。我们都要在生活中扮演一些角色，我们都要力求做一位好演员，当从一部戏转换到另一部戏的时候也要对每一个角色有自己的见解，完全适应自己的角色。

家庭角色不是故意地、做作地去扮演，而是在生活的过程当中就学会的，每个家庭成员都应当知道自己该怎么做，比如你回到父母身边的时候，你要做一个孝顺的儿女，在自己的老公身边，你要做一个很好的妻子，做父亲的时候，就要做一个很好的父亲。在转换不同角色的时候，如果你能转换得很好，那么那一刻就是你魅力绽放的时刻。如果家庭成员都能做到这一点的话，就能让家庭永远和谐下去。如果你的戏份不够，或不能适应当下的角色，那么家庭就会陷入矛盾之中。

朝朝和露露都是独生子女，谈恋爱那会儿，朝朝对露露说："你就是我的天使，即使你什么都不会，我也会养你一辈子，服侍你一辈子。"朝朝对露露有求必应，什么事都不让露露做。于是，露露幸福地嫁给了朝朝。

结了婚，有了自己的房子，要自己做饭、要收拾家务，少了以前的浪漫。可是，露露什么都不会，不管家，不懂家务，一开始朝朝心疼妻子，倒是什么都不让她做。后来，两人有了孩子，露露一样不管，孩子由婆婆照看，家里家外、衣食住行基本都是朝朝操持。朝朝白天的工作很辛苦，回到家还要做家务，帮忙照看孩子，时间一长就不耐烦了。朝朝认为："家是夫妻俩的，为什么老婆就像公主一样没有一点责任感？可以十指不沾水安然享受？

我为什么就成了奴隶?"

更要命的是,露露每周末都要去外面吃一次饭,周日要美容一次,还要去打球一次。朝朝以前觉得这样也不错,但很多时候忙不过来,要取消或改期,露露就很不高兴,说:"再忙也要享受生活,不能因为结婚了而改变原来的习惯。你忘记你结婚前对我说的话啦?是不是把我骗回家后,本质就显现了。"

对于露露的行为,公婆也很有意见,朝朝是他们的"心头肉",从小到大都舍不得让儿子做什么事,现在可好成了媳妇的"奴隶"。随着公婆对媳妇越来越有意见,朝朝和露露的冲突慢慢增多,不时还冷战,搞得两人都身心疲累。

这是一个现代家庭很常见的现象。随着越来越多的独生子女不断步入婚姻,像朝朝和露露的这种家庭还会不断增加。独生子女婚前基本都是父母的掌上明珠,容易形成以自我为中心的心态和任性的习惯,而且大多不会家务。婚前,男女双方的角色关系简单,结婚后角色就变得很复杂:女孩成了丈夫的妻子、公婆的媳妇、孩子的妈妈等;男孩成了丈夫、女婿、孩子爸爸等。

婚前和婚后每个人的角色定位和关系网会有很大的不同,如果双方不及时进行角色转换,还是按照婚前个人的语言态度、行为习惯、思维方式和为人处世来相处和处理婚后的各种关系,必然产生很多矛盾摩擦。

从恋人到夫妻,双方就意味着应该从浪漫回归现实,从花前月下回归到锅碗瓢盆的平常生活,从"公主"、"王子"回归到平凡人的生活,共同面对新家庭的各种问题。这些复杂关系需要家庭中的每个人细心呵护和培养,如果还停留在婚前的浪漫轻松和无忧无虑,甚至任性地依然我行我素,没有一点家庭责任感,显然是很不应该的。角色不转换,就不明白自己新的家庭定位,不明白新的责任和义务,没有家庭凝聚力,那么婚姻难以维系长久。

只有及时调整心态,转换角色,夫妻双方才能磨合得好,夫妻就会同心同德,得心应手处理各种问题,才能胜任在以后的人生中不断出现的各种角色,才能创造和谐美满的婚姻生活。

家庭关系简单而复杂,家庭成员就几个人而已,各自又有多重身份,不仅仅需要夫妻双方的磨合，还需要其他成员的配合，否则，家庭关系也会乱了套。

　　老李家住农村，家里没钱，前些年好不容易给儿子娶了个媳妇，可是儿媳妇什么都不做，还总跟村里的一些男人眉来眼去的，老李看不惯，教训了儿媳妇几句，没想到儿媳妇就扔下幼小的孙女离家出走了，孩子在家中天天哭着找妈妈。老李给常年在外打工的儿子打电话，儿子睁只眼闭只眼，说妻子只是出外打工了。老李可不这样认为，儿媳妇是个不守妇道、狠心的、没有良知的女人，放着幼小的孩子不管，自己和人私奔快活。

　　但是，可为了孩子，老李还是希望儿媳妇能回来。为此，老李多次找到亲家商量，希望他们能管管自己的女儿，让她学会恪守妇道，并担起一个做母亲的责任。亲家却坚决不承认自己的女儿有作风问题，并说嫁出的姑娘泼出的水，他们管不了。

　　每天看着两岁的孙女哭喊着找妈妈，老李毫无办法，跟儿子讲，儿子没反应，找儿媳的娘家人竟然被骂了出来，老李越来越觉得自己的家一点都不像个家了。

　　老李的遭遇在我国农村并不少见，也确实值得同情，家中乱作一团，妈妈不像妈妈，爸爸不像爸爸，公公不像公公，可怜的孩子承担着失去爱的痛苦。有一点我们不得不承认，老家家的混乱局面，有很大的责任在于他。

　　在一个家庭中，丈夫、妻子、父母、孩子，每个家庭成员都应各守其位，扮演好自己本来的角色，任何的缺失与取代都会导致混乱。老李搞混了自己与儿媳妇的关系，试图以父亲的角色，甚至替代儿子的丈夫角色来管教儿媳妇，如果他真能做到一个父亲对女儿那样包容的爱，儿媳妇是能感受到的。实际上老李却在做监控和操纵对方的行为，这种矛盾与割裂让对方根本感觉不到爱。这些不理智的行为当然会激化矛盾。

　　不管自己是什么角色，角色怎样转变，关键要认清这一角色在家庭中的位置，只要站好你的位置，扮演好自己当时的家庭角色，就会对家庭的和谐作出应有的贡献。

3.

用爱化解家庭冲突

东南亚有句谚语："不吵架的家庭让人羡慕，但是风暴后的彩虹同样亮丽。"家庭冲突是正常的，关键在于如何化解冲突，这是和谐家庭与不幸家庭之间的区别。

每个家庭成员都有自己的个性和兴趣，多数人都希望按照自己的兴趣和意愿去做事情，那么一些家庭冲突就是不可避免的了。例如，父亲想带着家人去远行，孩子希望去游乐园，而母亲则想去看电影，这样的一家三口出现意见不一致时，冲突就发生了；兄弟姐妹之间，某人唱歌时声音太大，看电视时抢着拿遥控器，坐车时争夺前面的位置，争着玩电脑，拿走对方的私人物品，嘲笑或瞧不起对方，吹毛求疵等等，都会引起彼此间争吵，当父母劝他们停止时，他们还会把父母也卷入冲突中。

家庭冲突远不止意见不统一或是争抢遥控器这么简单，很多时候会因为金钱、教育、工作等复杂的事情出现冲突，这些冲突往往困扰着家庭中相亲相爱的人。

明明和靓靓夫妻二人最近发生了"冷战"，因为三件小事，冲突焦点全是双方的父母。

第一件事：几个月前，靓靓父亲来明明家做客，在走的时候，明明的父母只顾着看电视，没有打招呼。靓靓认为明明的父母怠慢了她的父亲，很不高兴。

第二件事：一个月前，明明的父亲过生日，靓靓事前特意准备了蛋糕，可是那天她有事出去了回来有些晚，明明的父亲有糖尿病，必须定点吃饭，明明的父母就先吃了饭回家。靓靓到酒店一看，明明的父母都不在，认为明明的父母不把她当回事，她辛苦买回了蛋糕，可是连吃饭都不等她。

155

第三件事：明明和靓靓有个三岁的孩子，由于平时工作忙，交由明明的父母带着，但是时间长了，靓靓发现孩子什么都不会，还有一些小毛病。靓靓认为，明明的父母是小城市人，没什么文化，说话有的时候不是太文明，会给孩子带来不好的影响，不能教孩子学习，决定请保姆带。靓靓认为这是剥夺他父母带孩子的权力，更不赞同请外人带孩子。

于是，长期的矛盾积累在一起，终于暴发出来了，甚至要离婚。

清官难断家务事，谁都有理，谁又都无理，如果总是纠缠于"孰是孰非"的问题中，那就会永远得不到答案。而事实上，在因爱而建立起来的家庭关系中，又会有什么真正的深仇大恨？又会有多少真正不可宽恕的错误呢？既然家庭因爱而生，我们为什么不能用爱去化解冲突呢？

看一看，另一对夫妻是怎么化解彼此之间冲突的。

小兵和小娟是典型的80后"闪婚族"，由于婚前了解不够，婚后生活的改变，尤其在有了孩子后，不同的生活习惯、价值观念和教育方法等导致家庭矛盾日渐凸显。但是，小娟没有像其他闪婚族那样选择离婚，她一直努力维系着家庭的完整。小娟懂得从"心"出发，关爱家人，她的爱化解了许多家庭矛盾，一家五口生活得其乐融融。

结婚两年来，家里的难事也是一件接一件：小娟母亲去世、双胞胎女儿降临、公公因病去世，生活的压力和一系列的变故，让一家人几乎招架不住。身为老人的婆婆尤其情绪低落，小娟发现后，不仅极力开导老人，还建议婆婆多与亲戚朋友谈心、交流，倾诉内心的痛楚。为此，她还把婆婆从农村老家接了过来，就像对待亲生母亲一样，让老人时刻感受到家的温暖。

小兵时常因工作不顺心而郁郁寡欢，小娟便会与其贴心交流，不仅了解并分析客观情况，找出问题的关键，还和其一起找到解决的方法，每当这个时候，她的体贴和专业，总能让小兵尽快走出心情的低谷，重拾对工作的信心。

小娟深有体会地说："人的一生，难免有浮沉。不会永远如旭日东升，也不会永远痛苦潦倒。反复地一浮一沉，对于一个人来说，正是磨炼。"有了这份豁达和坚忍，小娟无论平时多忙多累，她每周都会与老人、丈夫和小孩进行心灵上的沟通，随时了解家人的心理健康状况，并及时疏导家人的心理问题。这不仅增强了一家人的感情，也营造出了健康快乐的家庭氛围。

美国丹佛大学心理学教授、家庭和婚姻研究中心联合主席霍华德·马克曼表示："每一对夫妻都会产生分歧，但问题的关键在于两人如何处理分歧。"他在长达 30 年的研究中发现，化解冲突是爱情和婚姻得以延续的关键，如果夫妇学会了用爱化解冲突，世界的离婚率将会降低 50％以上。

事实上，每个家庭都存在着不协调之处，只是程度不同而已，有些家庭将这些不和谐的因素放大了，有些家庭却用爱将一切不和谐淹没在幸福之中。

看在"我们曾经爱过，我们现在仍然爱着"的情面上，家人之间要以爱的名义：多一些理解，少一些怨恨；多一些感恩，少一些指责；多往好的方面想，少在"问题"上打转转。家人的每个行为都不是独立存在的，它必然因为某种家庭关系而产生，也必然会因为某种家庭关系而改变或终止。当我们以爱开始，最后以爱结束，所有日子都将是幸福舒坦的。

4.

把握好家庭与事业的幸福天秤

近些年，家庭剧十分走红，诸如《金婚》《王贵与安娜》《回家的诱惑》等，深受人们喜爱，甚至一些上百集的韩国家庭剧在中国也有很大市场。

家庭剧为何走红？《中国青年报》曾做过一项调查，61.6%的人认为首先是"可以满足人们对美好家庭的梦想"，其次是"家庭关系变得物质化，希望重建家庭价值"，最后是"社会家庭观念淡漠，人们期望在银屏上捍卫婚姻家庭伦理"。

这说明一个道理：无论社会如何变化，人性深处一些根本的东西没有改变，人们都期望拥有一个美满的家庭。为什么现代人如此渴望拥有一个美满的家庭呢？这与年轻人的处境有着很大的关联，其实当代年轻人比上一代人更孤独、更敏感和更脆弱，工作压力大，外界诱惑大，也注定年轻人必须付出更多，才能拥有美满家庭，因而他们比以往任何时期都更渴望拥有稳定和温暖的家庭。

很多人将家庭的幸福建立在事业的成功之上，这就人为地加大了家庭幸福的难度。我们不可否认事业对家庭的重要性，但是成功的事业真的能成就幸福的家庭吗？未必。

> 杨丽萍，我国出色的舞蹈艺术家。大多数中国人都看过她的舞蹈，她跳的孔雀舞让人们印象深刻，她的身材和敬业精神更是让人佩服。为了保持身材，她长期的节食，每天只吃两个苹果，身体是没有一点脂肪的。杨丽萍婚后为了事业一直都没有要孩子，面对公婆想要抱孙子的想法，杨丽萍认为，如果想要孩子，就必须要增肥，而增肥的结果就是不能再跳舞，最终，她选择了事业，放弃了要孩子的打算。她说："我来到这个世界上，是为了观察生活，体验生活，不是为了享受生活。"

对于观众和艺术来说，杨丽萍是大公无私的，奉献了如此之多，但是，这一切都是建立在牺牲家庭的基础上。在对家庭和事业的选择上，不同的人有不同的选择方式，这一切都是有底限的，在杨丽萍的思想中，好像除了事业，别的一切都不重要了，家庭是可有可无的，她的生命就是为了体验生活，感叹人生。她自己觉得可能很幸福，她的家人，至少公婆还是有很多遗憾的。

有人会说："事业稳定后再回归家庭。"其实，这是一厢情愿的想法。很多处于事业上升期的人认为，在事业上奋力打拼时无暇顾及家庭，一旦事业稳定下来,会用加倍的时间和爱补偿孩子和家人。将来的日子虽长,孩子的童年、家人的需求却很快就过去了。如果我们死了,事业很快就会被人接替,而留在家庭中的忧伤会持续很长时间,有时会影响亲人的一生。

那么,现实生活中,事业与家庭究竟孰重孰轻? 在 2007 年有记者做的调查中显示,66％的被调查者认为家庭比事业更重要,家庭第一,事业第二;33％的人则认为,没有好的事业基础,就不会有家庭基础,事业比家庭重要,"事业第一,家庭第二"。而在 2009 年"国际家庭日",有记者调查显示,97％的受访者认为家庭第一、事业第二;3％的受访者认为事业比家庭重要,没有好的事业,就不会有幸福的家庭。

从上述资料中可以看出,在我国,大多数人还是认为家庭比事业更重要,家庭是幸福的大部分来源,人们在家庭中更能体会到幸福的感觉。因此,无论多忙也要留出时间和家人沟通,必要时对事业追求暂时放慢些,换回的是一家人的快乐。

事业虽然替代不了家庭的地位,但是成功的事业可以成为家庭幸福的"保护伞",为家庭提供经济来源,给予一个人社会地位和尊严满足。我们也不能为了家庭而置事业于不顾,必须在家庭与事业之间找到一个平衡点。

能否处理好事业和家庭之间的关系,可以反映出一个人的素质水平。事业和家庭虽然存在矛盾,但并不是绝对对立的,只要你肯重视这对矛盾,事业和家庭是完全可以兼顾的。我们必须正视这一问题,把事业和家庭都装在心中,既有利于家庭,也有利于事业。

首先,别把工作带回家。

当你迈出办公室的大门时,就要把工作上的烦恼都留在办公室里,千万别把它们带回家,否则你从中将得不到任何好处。回到家后,尽情享受家庭生活,将晚上的时间和精力留给家人。

工作中总会发生一些突如其来的状况,或者是有些无法避免的应酬,如果因此影响了你回家的时间,你千万可别忘了事先要跟爱人打好招呼,一旦确定晚上不能早回家,更要尽快跟家人说明,这是对家人的一种尊重。不管是职业男性还是职业女性,在外应酬时,你就是跟客户谈得再开心、再投机,哪怕对方许给你明年几百万的订单,你也别喝得太多,要学会适可而止，把应酬结束在家门外。

其次，善待家人。

事业不管多忙，心中都要有家人，轻轻的一声问候会使你与家人的感情升温，也不会影响繁忙的事业。女性可以选择充分自由的事业，必须适当调整工作的方式，减少无关紧要的应酬，安排固定的时间陪伴丈夫和孩子，最重要的是加强与丈夫的思想交流，不要等到你一觉醒来，枕边的丈夫已变成了遥远的陌生人。男性更不能懈怠，不仅要体恤妻子的辛劳，还要抽出更多的时间陪孩子。

最后，善待自己。

一个人的精神力是有限的，因此做任何事前要有取舍，比如你的终极目标是事业的成功，你认为只有事业的成功才能带来幸福，那么在你完全投身于事业之前，必须在家庭上做好取舍，要对他人负责，也是对自己负责。无论是否选择结婚生子，这都是一种积极的个人决策，做的是个人想做的事情，得到的是自己想得到的东西，并没有牺牲什么。

任何工作不论怎么重要，不论你想怎样完成它，都不值得为它牺牲自己的身心健康。如果你想继续攀登事业高峰，同时又想要兼顾家庭，必须保证健康的身心，这是完成一切的前提，如果你没有更多的精力，必须寻求家人的理解和帮助，生活中的压力减少了，才能保持愉快的心情，工作效率才会更高。很难想象一个在家感到不高兴的人，工作才会有创意和积极性。

事业与家庭哪个更重要，是一个仁者见仁、智者见智的问题。在现在这个高速发展的社会里，我们不要对事业过于偏执，不是每个人都能成就像比尔·盖茨一样的事业。家庭和睦、夫妻恩爱、子女孝顺，未尝不是人生的一大成就。

其实，处理工作与家庭这些事情时，就像杂耍一样，你要同时抛接几个球，你不可能让它们处于同一高度。窍门就是不要任何一个球掉到地上，在它落下之前就设法接住。如果处理不好或对自己承受的压力根本没有感觉到，那你就有被拖垮的危险，造成事业上的失败，家庭悲剧的发生。

不管社会如何变迁，我们都不应将家庭与事业对立起来，家庭和事业完全可以统一起来，关键是掌握好一个"度"，寻找到工作与家庭之间的平衡并努力去维持这种平衡，那么你会发现工作和生活都很轻松愉快，丰富多彩。

5.

努力工作确保家庭经济来源

工作是生活的一部分，工作能满足人们对基本物质的需求，让人能够得到社会的尊重，并能实现人生价值。工作永远与家庭紧密相连，对于家庭生活来说，工作收入能为家庭提供最基本的经济需要，工作收入决定了一家人能够买什么东西，不能买什么东西，在某种意义上说，就是决定了一家人能够过哪一种品质的生活。

凤凰卫视记者闾丘露薇曾不惧生死三赴阿富汗，又入伊拉克，谈起忘我工作的原因，她说："因为我在香港生活，每个人都很实际。我现在最要紧的事情就是有一份稳定的工作，然后能养活我的家、我的孩子，供我的房子，然后我才能想一想我自己希望过的生活。"

在这个快速发展的当今社会，找工作难，找个好工作更难，没有工作是会被人唾弃的，我们往往都是先工作，好好干，有一定的事业基础或经济基础后，就会结婚，组建家庭，有了家庭后更需要你好好工作，来给家人提供好的生活条件。因此，拥有一份好工作，珍惜当下的工作，意义是十分重大的。

现实生活中，很多人对工作表现得极为不屑，要么对工作不满、辞职不干，要么怀着无过为功、不思进取的心态工作，这都是不珍惜工作的表现形态。要知道这在日益激烈的岗位竞争面前、在劳动力市场供求关系严重失衡的就业机制面前，不是工作需要你，而是每个人都需要一份工作，丧失了进取的精神，终将会让你与好工作擦肩而过。

我们都懂"蛙未死于沸水而灭顶于温水"的道理，如果我们不珍惜工作,不时刻保持危机感,自己的位置就有可能被别人替代,自己不珍惜工作,就会如同温水中的青蛙,面临被企业淘汰的命运。

看看企业的墙上,都贴了些什么:"今天工作不努力,明天努力找工作。"这是每个人都面临的危机。随着经济的发展,企业之间占有市场领地的竞争日趋激烈,高学历、高能力的人才大批涌入社会,"能者上,平者让,庸者下"的理念,越来越被人们所接受。"今天工作不努力,明天努力找工作",这是一个再形象不过的说法。人们只有努力工作,才不会为找工作而奔波。

职场中有不少员工抱有这样的想法:为企业打工,是为老板赚钱,反正到头来还是为别人干活,又何必那样拼命呢? 工作能过得去就行了,多一事不如少一事,交得了差就可以了,反正公司也不会因为我而亏了,就算亏了,又不用我负责。

这种想法和做法是完全不负责任、缺乏敬业精神的表现,是鼠目寸光,损人不利己。事实上,努力工作最大的受益者是自己。努力工作,是一种敬业的表现,不只是对企业负责,对本职工作负责,更是对自己负责,对自己职业生涯负责,对家庭负责。每个老板都不会排斥努力工作的员工,他们会对这样的员工给予奖励或提拔,员工不仅可以得到更为广阔施展自己能力的空间,还能得到最直接的物质实惠,有利于家庭经济条件的提升。

石林家境贫寒,15岁便背井离乡出外谋生,在一个工地当小工。从进工地的第一天起,石林就下定决心,要做就做最好的。每当收工后,其他工人吹牛聊天或在大发牢骚时,石林却躲在一边抱着书本啃有关建筑专业的知识。

一次休息时间,经理临时下到工地检查工作,发现其他工人都在闲聊,只有石林一人在津津有味地看书。经理觉得有些奇怪,便上前去瞧他在看什么,随手又翻了翻他做的笔记,然后一言不发地离开了。

第二天,经理派人把石林叫到办公室,问他:"你一个小工,学那东西有什么用呢?"石林没有正面回答,而是反问经理:"公司是不是缺少有经验懂技术的技师与管理人员?"经理点头称是。

　　没过多久，石林就被升为了技师。有些工人眼红，私下便挖苦他。石林不以为意，说出了自己的心声："我不是为老板工作，我是在为自己的梦想与前程工作。我创造的价值要超过我的薪水，这样老板才会给我机会。"凭借这份执著与信念，石林比谁都更敬业，也比谁都走得更快。短短几年，石林就从技师升到了总工程师的位置。

　　当石林拿着高薪，在这个城市买房，娶妻、生子时，和他一起在工作当小工的工友们，要么早已离职不干了，要么还在那里发着牢骚，却从没有想过为工作而努力。

　　家庭与工作是分不开的，工作虽然不能为家庭带来经济上的安全感，但是工作至少会改变家庭的经济状况。因此，为工作努力就是为家庭而努力。

6.

勤俭持家是现代家庭的传家宝

　　中国传统社会是农耕社会，讲究精打细算，不铺张、不浪费，在这样的生产方式的基础上，产生了勤俭持家的优良传统。"历览前贤国与家，成由勤俭败由奢"，不论贫穷还是富有，勤俭持家都是一种美德，这种美德既是一种生活价值，也是应当一代代传承的人生理念。

　　在当今社会经济条件下，勤俭持家的意义已经不只是物质上的克勤克俭，更多地体现为一种高尚品格，一种可贵精神，体现为奋发进取，积极向上的精神状态，作为一种民族精神，勤俭持家的美德永远不能丢弃。

从前，在中原的伏牛山下，住着一个叫吴成的农民，他一生勤俭持家，日子过得无忧无虑，十分美满。临终前，吴成把一块写有"勤俭"二字的横匾交给两个儿子，告诫他们说："你们要想一辈子不受饥挨饿，就一定要照这两个字去做。"

后来，兄弟俩分家时，将匾一锯两半，老大分得了一个"勤"字，老二分得一个"俭"字。老大把"勤"字恭恭敬敬高悬家中，每天"日出而作，日入而息"，年年五谷丰登。然而，他的妻子过日子却大手大脚，孩子们常常将白白的馍馍吃了两口就扔掉，久而久之，家里就没有一点余粮。

老二自从分得半块匾后，也把"俭"字当做"神谕"供放中堂，却把"勤"字忘到九霄云外。他疏于农事，又不肯精耕细作，每年所收获的粮食就不多。尽管一家几口节衣缩食、省吃俭用，也是难以持久。

有一年大旱，老大、老二家中都早已是空空如也。他俩情急之下扯下字匾，将"勤"、"俭"二字踩碎在地。这时候，突然有纸条从窗外飞进屋内，兄弟俩连忙拾起一看，上面写道："只勤不俭，好比端个没底的碗，总也盛不满！只俭不勤，坐吃山空，一定要受穷挨饿！"

兄弟俩恍然大悟，"勤"、"俭"两字原来不能分家，相辅相成，缺一不可。兄弟二人吸取教训后，将"勤俭持家"四个字贴在自家门上，提醒自己，告诫妻室儿女，身体力行，后来家人的日子越过越好。

不管你是家财万贯，还是生活艰苦，千万别丢了勤俭持家这个聚宝盆，这是家庭团结和睦、健康发展的重要条件。

一个当家理财的人，应当学会量入为出，计划开支，即使家庭收入不很富裕，也能把日子过得美美满满，全家人安定团结。如果家庭成员中有人盲目地追求个人享受，追求高消费，开支无计划，赶时髦，乱花钱，甚至到处借债购头高级消费品，就会使家庭止常生活受到影响，严重的还可能造成家庭不和，夫妻反目，甚至出现家庭关系的破裂。因此，勤俭持家关系到每个家庭成员的切身利益，是每个家庭成员都应该做到的。

　　随着人们观念的改变,很多勤俭生活和勤俭的人往往被人们视为小气、抠门,甚至是吝啬。其实,勤俭与吝啬有着本质的区别,勤俭是一种美德,而吝啬可以说是一种恶习。在现实生活中,能够做一个勤俭而又不跨越红线成为吝啬的人的确需要智慧。通过一个案例,让我们看一看,美国的现代家庭主妇是怎么做到的。

　　珍妮是一名普通的家庭主妇,她对持家一直坚持着自己的原则。

　　原则一,钱是用来维持生活的,而不是用来任意消费的。从小珍妮的父母就灌输给她节俭的生活习惯,购买物品都用折扣券、穿衣服新三年、旧三年,缝缝补补又三年。父母用节省下来的钱每年夏天带着安妮去意大利或是德国旅行,让她增长见识。这样的生活经历使安妮很小就意识到,即使是一个收入不高的人,如果他能够合理花钱、不追求挥霍的生活方式,他就可以过上高质量的生活。

　　原则二,如果不是万不得已,绝不负债。美国人的生活方式过去被称为是靠借债过日子,一个人拥有几张、十几张信用卡是稀松平常的事,用钱的时候就刷卡,结果欠下的债越来越多,越多越还不起。珍妮只申请了一张信用卡,买汽车不用贷款,用积攒下来的钱一次性购买。为了节省教育经费,上大学时,她进入州立大学,而研究生则靠大学提供的奖学金完成学业,所以珍妮大学毕业后没有像很多毕业生那样背负数万美元大学教育贷款债务。工作后没有债务上重压,珍妮可以为未来生活积攒更多的钱,房屋的首付款攒下来了,产假期间的生活费用也攒下来了。

　　珍妮还有其他原则,包括在生活上不要太对不起自己和家人。珍妮认为,节俭不是过苦行僧的生活,她很喜欢到餐馆享用晚餐,但她不会纵容自己每周都去。珍妮很重视与朋友的友情,她喜欢参加朋友的派对也开派对招待朋友,但有一点,她从不和朋友一起逛商店。因为,两个女人进了商店,往往就会大手笔花钱。珍妮认为,避免花钱陷阱也很重要。

当女儿出生后，珍妮加入了一个母亲俱乐部，她们经常在一个购物中心相聚，吃过午饭当然就是给孩子大采购。珍妮后来一直避免这种相互攀比为孩子买物品的做法，而是按照自己的方式来照料孩子。

在家庭消费上，最容易使财务出现不平衡的一种事情就是购买物品的盲目攀比。邻居家的孩子新买了 iPhone4，自己家的孩子也不能落伍；朋友家新买了 3D 电视，自己家也要追赶潮流；别人家里布置得富丽堂皇，自己的家也不能太寒酸丢人现眼；别的女性流行背着名牌包，自己也绝不能落人之后。像这样攀比式的消费，珍妮从来不做。

珍妮的故事告诉我们，勤俭持家并不是要限制消费，这是不合时宜的。我们强调的勤俭持家，是指在对自己家庭收支有客观估计的基础上，精打细算，既要注意不断改善和提高家庭的物质文化生活水平，又不至于使家庭陷入困境，如何掌握好这个"度"，就是新时期勤俭持家的基本要求。

今天，我国城乡人民的生活水平有了大幅度提高，大部分家庭已达到小康水平，但与发达国家相比，我们还有很大差距，老百姓的生活并不富裕，勤俭持家的美德还必须发扬，这是由今天我国的国情和中国家庭所必需的。即使家庭比较富裕了，也要"富而思进"，把多余的钱用于家庭进一步发展的投入，促使家庭生活水平不断提高。

7.

理智消费，让实惠到家

人们要吃穿住行，要休息娱乐，要发展自己，要维系正常人际关系，要创造良好的家庭生活环境，势必要有经济上的投入，这些都涉及消费问题，人人都会花钱，未必人人都能把钱用到是处，得到实惠。由此可见，消费也有学问，我们不仅要学会勤劳致富，更要学会科学消费，合理消费，让实惠到家。

俗话说："人无远虑，必有近忧。"在市场经济环境中，没有钱的确是不行的。哪个家庭都可能会有猝不及防的困难出现，有备方能无患。那种只图一时痛快，胡乱花钱，不顾个人的经济实力寅吃卯粮、负债"经营"、"透支"享乐，甚至通过非法手段来换取人生"辉煌"、"潇洒"的做法，是不足取的。

一个家庭根据什么原则确定自己的消费方向，具体怎样消费，在多种生活消费需要中应先选择什么，后选择什么，都需要有长计划，短安排，科学进行"家庭经济预算"。就个人来说，消费生活水平要与个人的消费能力相适应，本着有周密计划、区别轻重缓急、"把好钢用到刀刃上"的原则，做出留有余地的安排。

以下是一位退休工薪层老人的消费经历，或许对我们如何消费有些启发和帮助。

买衣服：5年前，我与老伴在一个夫妻俩经营的地摊上买一套西装，150元。正打算付钱时，被二女儿碰上，她让我俩上了她的小车，开到一家名牌服装店，给我买了一套美国名牌西装，女儿为此花了1280元。女儿走后，我建议老伴与我坐三轮车再到原地摊去买150元的那套。两套西装经服装厂老师傅再三看、摸、搓、揉等方法辨别，最后结论那套150元的西装为好。后来，我冷静思考，认为那家名牌店卖1280元也并非暴利，因为它的两间店面月租金为2万元，两个服务员月薪为2400元，它的垫本资金利息较大，卖衣服必须开税票。我们作为消费者，何必要去为名牌店的高房租、高工资、高利息而埋单呢？

买药品：一次，我拉肚子，到药店去买药。药店营业员拿来好几种止泻药，每盒价位都在二三十元上下。我说我要藿香正气水，营业员拿来一盒，只有3元钱，内装10瓶，我喝了1瓶，就止泻了。现在中老年人患病喜欢买老药，理由有两条：一是药品质量久经考验，毒副作用少；二是价格便宜。

买化妆品。一天，当我走进一家大化妆品店说要买擦脸的，一下子拥上3位靓丽售货员，各人推荐二三百元上下一盒的化妆品，我问："有百雀羚吗？"尽管靓女们脸孔瞬间"晴转阴"，向我指了指货架方位，我还是花5元钱买了一盒。买回家后，我放进女儿们以前用过的高档化妆品瓶内，为了润湿增香，加进几滴几元一瓶的花露水。一天，在北京做服装生意成为大款的表妹来我家，擦这瓶油时，连连称赞说："这个好，有油性搽得好又有香气，什么牌子？在什么地方买的？"我和老伴笑答："百雀羚！"大家笑成一团。

买手表。手表的功能是报时，唯一要求是准确。我们不做生意也不是大款，不需要包装什么身份象征，去戴那上万元乃至几十万元一只的世界名表。去年，我70大寿，几位孝女为祝寿送我1只价位1.08万的名表。我拆开层层讲究包装后，一看该表只有时针和分针两枚，其他如秒针、星期、日历功能全无。我对老伴说："这表连表带全部是黄金也不值万元，请你去退掉，宁愿减价1000元。"老伴为难地说："这是孩子们的孝心礼物，如果退了钱，孩子们以后问起不便回答。"这名表只对我服务了15个月就"闹情绪"了，一天要慢走四五十分钟不等。后来，我老伴在保姆的指点下在大街地摊上买了一只当场浸水让你试、当场轻摔让你看的金灿灿的长三针手表，只要10元钱。这只表倒时间走得挺准。我想，我戴万元表，也成不了大富豪；我戴10元表，也变不成乞丐。

对于普通老百姓而言，生活就是实实在在的，同时又不能忘记"精心算计"，一时的尽情享受，结果是乐极生悲的。

在当今时代，东西方观念并存，传统与现代的消费观念发生了冲突，这就给我们的消费实践活动带来了这样一个难题：我们应该怎样做一名理智的消费者。

首先，要有正确的消费心理。

人们的消费主要有从众心理、求异心理、攀比心理、求实心理。

从众心理引发的消费,是人们跟随大流的心理,往往能够引发对某类商品或某种风格的商品的追求,并形成流行趋势。商家常常利用消费者从众追赶潮流的心理来推销自己的商品。消费者是否应该从众,要做具体分析,盲目从众是不可取的。

求异心理引发的消费,是有些人消费时喜欢追求与众不同、标新立异的效果。这种消费有时可以推动新工艺和新产品的出现,但展示个性要考虑社会的认可,还要考虑代价,为显示与众不同而过分标新立异,是不值得提倡的。

攀比心理引发的消费,是个别同学受攀比心理的影响,饮食消费向广告看齐,服装消费向名牌看齐,人情消费向成人看齐。这种消费心理是不健康的,往往会引起家庭经济危机,而且也不实用。

求实心理主导的消费,是消费者在选择商品的时候,往往要考虑很多因素:价格是否便宜,质量好不好,服务是否到位;功能是否齐全,操作是否方便等等。讲究实惠,根据自己的需要选择商品,是一种理智的消费,是家庭最主要的消费方式。

其次,做理智消费者。

第一,量入为出,适度消费。一方面,消费支出应该与自己的收入相适应;另一方面,在自己经济承受能力之内,应该提倡积极、合理的消费而不能抑制消费,否则,会影响个人生活质量,也会影响社会生产的发展。

第二,避免盲从,理性消费。不因一时冲动或轻信商家宣传而购买一些实用性不大,过时或低端技术产品,从而造成不必要的浪费。

第三,保护环境,绿色消费。过日子是长久的,因此生活中要减少对一次性筷子和碗的使用,多用可以重复使用的家庭筷子和碗;减少塑料袋的使用,多用购物袋;循环使用费水;自己动手利用废旧材料,制作一些有用的物品,等等。这些行为不仅保护环境,而且省钱。

第四,勤俭节约,艰苦奋斗。不管多大的家底,不厉行节约,不艰苦奋斗,都会变得一无所有。

第五,文明消费,健康高雅。人的消费需要,不仅表现在物质方面,而且表现在精神方面。当人们的物质生活比较充裕、衣食住行不再成为困扰人们的主要生活难题时,精神方面的需求会越来越突出,每个公民在通过诚实劳动充分享受现代物质文明成果时,还应当自觉地培养高尚的道德情操和审美情操,如博览群书、多行善事、习功练武、染墨丹青或者旅游踏青等,任何健康的选择都可以为你锦上添花,使你的生活格调更加高雅。

总之,平常老百姓家庭理智消费就是:实惠、实用。

8.

学会家庭理财,提升幸福指数

幸福感是一种心理体验,它既是对生活的客观条件和所处状态的一种事实判断,又是对于生活的主观意义和满足程度的一种价值判断。它表现为在生活满意度基础上产生的一种积极心理体验。而幸福感指数,就是衡量这种感受具体程度的主观指标数值。

近年来,随着生活质量的不断提高,我们发现:物质生活"丰满"了,可幸福感却"骨感"了。中国人的幸福感下降的主要原因在于:由于资源相对短缺、市场竞争激烈以及现代生活节奏中的你追我赶,人们在各种压力的"围城"中奋力挣扎,这一切都肆无忌惮地影响了人们对幸福的感知度和敏锐度。

美国经济学家萨缪尔森曾提出了一个幸福方程式:效用/欲望＝幸福指数。这个"幸福方程式"不仅适用于日常生活,也同样适用于投资领域。它告诉人们,理性的投资理财是能增加幸福指数的。

凯丽和老公结婚前,都属于典型的"月光族"。结婚的当天晚上,老公做出了一个让凯丽十分震惊的决定:"以后咱们家你来理财。"

"理财"对于凯丽来说无疑是一件难事,当她把这个疑问抛给老公时,他却笑着说:"你以前花钱大手大脚是因为我们还没有组建一个小家,两人赚钱,各自享用,但现在我们不同了,我们已是一家人。以后你理财是为了我们一起过日子，要把我们的钱汇融一起，一起调配使用，考验你的聪明才智的时候到了。"随后，老公交出了自己的工资存折。凯丽成为了一个"家庭主妇"，掌握了两人的财产大权。

结婚后的前两个月，凯丽和老公还是和结婚前一样，经常去逛商场，周末去游玩，快乐地享受着二人世界。而他们两个人的收入，也就像快乐的日子一样，匆匆流去，再次加入"月光族"的行列。

第三个月的时候，凯丽生病了，但是两人连住院的钱都没有了，老公只好硬着头皮找老家的父母要。凯丽这才清楚地体会到："理财绝对不是把钱放到你手里那么简单。"

此后，凯丽开始认真思考起家庭的财务计划来。理财，首先得有财，两人虽然有工资，但是并没有做到家庭财源的合理运用。这样下去是不行的，家必须有一笔能够在关键的时候可以应急时调用的钱。而且，凯丽发现家里还需要为未来的支出做好打算。比如，一些突发事件的产生，如何资金调用；将来有了孩子以后的费用，这可是一个巨大的数字等等，这些都需要好好地考虑考虑，都需要在这以前累积起来。凯丽认为，不能只停留在快活的二人世界当中，过去几个月的生活就当做送给自己的"长假蜜月"，但是在接下来的日子必须采取行动。

经过反复的权衡，凯丽和老公决定，将两人收入的 40% 作为存款存入银行。自从开始了每个月先将两人收入的 40% 存入银行以后，凯丽发现他们的存款不断增长，但是夫妻一起逛街、上饭店的频率大大降低。享受生活的热情是不能退减的，凯丽决定将夫妻两人的"浪漫"地点转移到其他地方。

这个时候，凯丽通常安排一些二人世界的活动，比如一起骑车到郊外踏青；拿着数码相机去野外拍摄风景等等。而野外的快乐，也让两人成功地躲过了商家的各种"促销"。利用这些办法，凯丽和老公用不到以前一半的钱，还继续着婚前的浪漫，而银行的存款也随月逐增。

有了一定的积蓄以后，凯丽也决定要一个孩子，在她怀孕期间，由于要增加营养，水果、饮食都在原来的水平上有所提升，开销也比以前大了，幸好存折里存了不少钱。

孩子出生之后，加重了家庭负担，每个月下来，凯丽一家的费用都在原来的基础上有所超标，比如买婴儿用品、奶粉等都是一些新增的费用，但是两人的工资却没有上涨。

多了一个家庭成员，更让凯丽深切地感受到：理财不仅仅是学会存款，还应该学会如何去合理支配。后来凯丽决定，把公公婆婆接到家来，这样一来既可以得到资金合拢，而且婆婆能烧一手的好菜，也可以满足夫妻现在的饮食需要，也能更好地照顾家人。

随着孩子的长大，不再需要婴儿用品，而取而代之的是幼儿的学习用品：各类书籍、玩具等，幼儿学习费用，凯丽开始试着有计划地改变自己的生活投资：零食、自己化妆品是可以削减的选项，漂亮衣服，当然也可删减，她还学会了"搜街"、淘宝、"血拼"，再也不迷信那些华而不实的名牌。

现在，老公认为凯丽是一个合格的"家庭主妇"。接下来，凯丽开始盘算着如何进行家庭投资。

这是一个很普通的新组建的小家庭，在妻子的合理打理下，生活得幸福美满，同时还充满着成就感。他们理财的理念很清晰：先要解决基本需要，然后存钱，在存钱的过程中寻找各种省钱的方法，当有了多余的钱，就可以将理财方向转向家庭投资了。

投资是有风险的，对于家庭投资者米说，选择投资方式时应考虑多种因素，还得懂得一些投资原则。

量力而行。家庭投资理财首先要考虑自身的资金实力，选择何种投资方式，要从自己的经济实力出发。比如，你手里只有数千元或者数万元钱，那只能选择一些投资少、收益稳定的投资项目，如储蓄、国债等；而你手中有十万以上或数十万元钱，就可以考虑去购置房产等能够实现保值、增值的产品。

量入为出。如果你有工作，每年至少应将税前收入的 10% 存入银行。只有养成良好的储蓄习惯，才可能确保后半生无忧。如果你退休在家,那么你追加投资的资金额应该低于前期投资回报额。在退休初期,建议你将投资回报用于再投资时应有所保留,以免财务受到通货膨胀的影响。

投资多样化。理智的投资是让你的投资组合多样化。"不要把所有的鸡蛋装在一个篮子里",就是对投资组合多样化最浅显的描述。在投资理财中,进行多样化的投资组合就是为了分散投资风险,防止孤注一掷。一个慎重的、善于理财的家庭,会把全部财力分散于储蓄存款、信用可靠的债券、股票及其他投资工具之间。这样即使一些投资受了损失,也不至于满盘皆输。所以,在选择投资品种时,需要先掌握投资组合的方法与技巧。

理财成本不宜过高。避免高成本关键是要处理好信用卡透支问题。有些人常常会在手头紧的时候透支信用卡,而且往往又不能及时还清透支,结果是月复一月地付利息,导致负债成本过高,这是最愚蠢的做法。

保持一定的易变现资产。你可以在银行里存一笔钱,这笔钱不但可以用来支付家庭修理所需的小额预算外开支,还要用来应付大笔费用。最重要的不是现金本身,而是该资产要有能及时变现的途径,包括股票等有价证券,向养老计划借钱,建立保证金账户等。

立足当前,注重长远。要有一个长远的理财计划,不但家庭的主要理财者应该清晰明了,而且家庭其他成员也应该清楚。这个计划不仅包括金钱计划,还有健康计划、教育计划,例如家庭成员都较年轻,就应该考虑把重点放在智力投资上,用于读书深造、学习技术,这是一次性投入,终身受益的投资。

各个家庭的实际情况千差万别,具体的理财方式应根据各自的需要,不仅能够收取"源源不断"的利润回报,同时也要将放慢家庭的生活节奏,尽情享受现代都市生活的美好惬意,更重要的是可以为家庭成员打造舒适心态,享受家庭温暖生活,提升幸福感。这样的理财方式,才能成为现代家庭打造幸福生活的好帮手。

9.

欲望少点，和谐多点，幸福高点

2012 年 10 月，中央电视台有一个关于"幸福是什么"特别调查的系列报道。此次"幸福调查"，记者深入厂矿社区、田间地头，是一次让老百姓直接面对电视镜头表达自己真实感受的调查，真实反映了老百姓的心声。

"你幸福吗？"是采访中一句简单而直接的问话，虽然这个节目因受访者回答"我姓曾"、"队被人插了"、"最遗憾的是没收回钓鱼岛"、"我是外地打工的，不要问我"等等话语，被广大观众津津乐道。但是，更多的普通中国老百姓道出了心中的幸福，在他们心中，幸福很简单，欲望少点，快乐多点，一家人和和睦睦、健健康康比什么都好。

每个人都有欲望，这是不可否认的，上至权贵圣贤，下达凡夫俗子。"房子是不是该换了？汽车什么时候才能买？如果产品再卖不出去，我该如何是好？这个月的工资涨了多少？什么时候能拿到钱？"这些想法总会把人搞得筋疲力尽。

欲望对于人来说，只是一种本性。合理的欲望，是我们前进的动力，最终让我们收获幸福；不合理的欲望，只能让我们陷入无法自拔的泥潭，给我们带来的只能是无奈、痛苦、彷徨和不安。

怎样才是健康合理的幸福观呢？

有一位行者到寺庙中拜谒修行的禅师，希望得到禅师的指点，解开他心中的疑惑。

行者问道："禅师，人的欲望是什么？"

禅师看了一眼行者，说道："你先回去吧，明天中午的时候再来，记住不要吃饭，也不要喝水。"

行者按照禅师的吩咐——照办了。第二天，他再次来到禅师面前。

"你现在是不是又渴又饿?"禅师问道。

"是的,我现在可以吃下一头牛,喝下一池水。"行者答道。

禅师笑了笑:"那你现在跟我来吧。"

二人走了很长一段路,来到了一片果林前。禅师递给行者一只硕大的口袋,说道:"现在,你可以到果林里尽情地采摘水果,但必须把它们带回寺庙才可以享用。"说罢转身离去。

太阳下山的时候,行者终于扛着满满的一袋水果,步履蹒跚、汗流浃背地回到了禅师面前。

"现在你可以享用这些美味了。"禅师说道。

行者迫不及待地伸手抓过两个很大的苹果,吃了起来。顷刻间,两个苹果便被他狼吞虎咽地吃了个干净。行者抚摸着自己鼓胀的肚子疑惑不解地看着禅师。

"你现在还饿吗? 还渴吗?"禅师问道。

"我现在什么也吃不下了。"

"那么这些你千辛万苦背回来却没有被你吃下去的水果又有什么用呢?"禅师指着那剩下的几乎是满满一袋的水果问。

顿时,行者恍然大悟。

幸福很简单,并不是你拥有多少东西。很多时候,我们都身处幸福之中,只是被心中的欲望蒙蔽了眼睛,扔掉那些对自己来说十分奢侈的梦想和追求,那么你就能感受到幸福了。

一位女士,买手机时总是挑最时尚的买。没用几个月,市场上就出现了更流行的款式。她就接着买新的,把不用的手机拿到二手市场便宜卖掉。对时尚的追求令她欲罢不能,几年里换了很多手机。因为频繁地更换手机,男朋友对她的行为极其不满,两人经常吵架,最后分手了。有一次,她感慨万千地说,不断地换手机使她损失了上万元,她现在用的手机已不是最新的款式。

是啊,人的欲望是永远得不到满足的。清朝诗人胡詹庵有一首打油诗,叫《不知足》把人贪婪欲望的本性刻画得淋漓尽致。诗中写道:"终日奔忙只为饥,才得有食又想衣。置下绫罗身上穿,抬头又嫌房屋低。盖下房屋并大厦，床前缺少美貌妻。娇妻美妾都要下，又虑出门没马骑。将钱买下高头马，马前马后少跟随。家人招下十数个，有钱没势被人欺。一铨铨到知县位，又说官小势位卑。一攀攀到阁老位，每日思想要登基。一日面南座天下，又想神仙来下棋。洞宾与他把棋下，又问那是上天梯。上天梯子未做下，阎王发牌鬼来催。若非此人大限到，上到天上还嫌低。"

欲望的重复与循环，只会让人生活痛苦之中，让家庭受到牵连。不如降低欲望，从而减轻或消除心理负担，幸福也会悄然而至。在世界上所有获得幸福的途径中，这种方法的投入产出比最高，它基本上不用你花一分钱。

一位女士，结婚前买了一套新房，房子面积不大，只有 80 多平方米，装修也很简单，没花多少钱。这位女士认为，对于她的收入来说，这样的面积和装修是合理的。如果买流行的 100 多平方米的房子并进行豪华的装修，那在以后的几年里，她的一家必须有节制地消费、有计划地还房款，生活将不再从容。这位女士说，住进新房后她感到很满足，她不会羡慕别人面积更大装修更漂亮的房子，更不会羡慕有钱人的豪华别墅，因为那样会使她一辈子都不快乐。

家庭的痛苦与快乐只在人的一念之间，如果我们知足常乐，平平淡淡的生活就是幸福，父母膝下的天伦之乐就是幸福，吃上妻子亲手做的可口的饭菜就是幸福，丈夫给你沏一杯热茶就是幸福，儿女的一声甜甜的呼唤就是幸福，健康的身体就是幸福，家庭成员每天的笑容就是幸福……

欲望少一点，和谐多一点，幸福也就高一点，或许这就是我们苦苦求解而终生未解的幸福之道。

第八章

平安健康:和谐家庭的欢乐源

　　和谐的家庭应该是平安的家庭、健康的家庭。平安是家庭完整性的保证,健康是家庭快乐的基础,缺乏平安健康的家庭,只会陷入痛苦。因此,家庭成员不仅要保证自己的平安健康,还要全力保障整个家庭的平安健康,要知道,家庭成员的一切欢乐,都源自家人的平平安安、健健康康。

1.

平安是家人的福气

在安全管理中，有一个著名的"葛麦斯安全法则"。葛麦斯是阿根廷的一名普通司机，为什么以这名普通司机的名字命名这条法则呢？其中还有一个故事。

卡特德拉尔是阿根廷著名的旅游景点，这里的山间公路蜿蜒曲折，其中有 3 公里路段弯道多达 12 处。因为弯道密集，这里经常发生交通事故，人们都称这段道路为"死亡弯道"。从 1994 年通车到 2004 年，这段路共发生了 320 起交通事故，共造成 106 人丧生。交通部门虽然在该段路入口处竖立了提示牌："前方多弯道，请减速行驶"，甚至将提示语改成触目惊心的文字"这是世界第一的事故段"、"这里离医院很远"。但是，标语并没有起作用，事故依然高发。

就在人们为"死亡弯道"伤透脑筋的时候，老司机葛麦斯公布的"独家安全秘籍"给公路管理当局以新的启示。

葛麦斯驾车 43 载，不仅从未发生过交通事故，甚至连一次违章记录都没有，因此在他退休前，交通部决定颁发一枚"优秀模范驾驶奖章"给他。

颁奖当天，有记者问葛麦斯："要如何才能做到像你这样平安驾车呢？"

葛麦斯回答道："其实开车时，我都由家人陪着啊！不过乘客看不到我的家人，因为他们都在我的心里。"

　　记者不解，葛麦斯解释道："想想你的妻子正等着你吃晚餐；你还要陪孩子上学；年迈的父母正是需要你照顾的时候……你就会小心驾驶。"

　　原来，葛麦斯的秘诀，就是时时刻刻把对家人的爱放在心中。隐去管理者的身影，让亲人取而代之，去唤醒操作者的安全意识，这就是著名的"葛麦斯安全法则"。

　　当局随即将"死亡弯道"提示牌内容更换成"家人在家等你吃饭，请不要让他们失望"；"安全驾驶，不要让白发苍苍的父母为你伤心"；"您的平安是对家人最好的爱"……

　　结果，该段路的交通事故率大幅度下降，2005 年发生 6 起交通事故，而 2006 年和 2007 年一起也没有发生。

　　我们常说平安是福。我们每个人都离不开爱，爱人和被人爱，是生活的全部，不管死亡威胁到家庭中哪个成员的生命，都会为家人带去无限的痛苦。平安才是一个家庭的最大福分。

　　然而，生活中并不是每个人都有这种平安意识的，这就是很多事故出现的原因，往往在出事后，人们才追悔莫及。

　　在韩国，有一所"棺材学院"，任何人只要花 25 美元，就能体验一回死亡的恐怖感觉。烛光中，大厅里回荡着为死亡体验者播放的哀乐，接着让他们在哀乐声中撰写"遗嘱"，以及在一张纸上为自己写下墓志铭。老师要求"死亡体验者"想象他们的最后一顿晚餐："请想象一下你想和谁一起享用最后的晚餐，然后如何向你爱的人说再见。"最后，体验者穿上寿衣被装进一只木棺材中静躺 10 分钟。不同的顾客对于"模拟葬礼"的反应都不一样，一些体验者躺进棺材后会流泪，一些人则要求将棺材盖留一道缝，还有一些顾客非常恐惧，根本无法完成整个"模拟葬礼"的过程。

　　这种模拟葬礼服务在韩国已经成了一种时尚，不仅年轻的学生纷纷抢着到"棺材学院"死一回，就连韩国许多大公司都纷纷安排公司员工前往"棺材学院"参加这种模拟葬礼活动。面对死亡情境，人们才会意识到生的可贵。

　　在我国，中央有关部门也在不停地推进平安家庭创建活动。从 2005 年开始，全国妇联、中央综治办、公安部、司法部、共青团中央、国家广电总局等部门，共同开展了创建"平安家庭"的群众性活动。

"平安家庭"创建活动以家庭成员为主体，以社区为依托，以家庭平安为主线，以"四防"（防拐卖、防盗窃、防抢劫、防隐患）、"四无"（无毒品、无赌博、无暴力、无犯罪）为目标，致力于以亿万家庭的平安促进社会的稳定与和谐。

政府的有力倡导是对平安家庭的督促，具体落实还在于千千万万的家庭成员，不管什么时候，做什么事，都要有安全第一的意识，莫忘子女的祝福、莫忘爱人的心愿、莫忘父母的期盼。

　　亲爱的老公：

　　　　前年，你承蒙组织的厚爱，担任了航道科长。我听你讲：航道科作为生产部门，担负着航道维护、安全生产、设备管理等多项职责，对全处的安全生产工作负有重要责任。从那时起，我就知道你身上的担子更重了，肩负的安全责任更大了。于是我就时常叮嘱自己：生活中一定要多关心你、支持你，让你安安心心工作。作为一名人民教师，我深深地知道安全的重要意义，也时常教育我的学生从小就要注重安全、追求安全。因为安全，对一个人、一个家、一个单位，甚至一个国家是多么的重要。没有了它，我们的家又哪能有儿女膝下、孝满高堂的幸福安康？没有了它，我们的事业岂不就泡影一片、白纸一张？没有了它，我们的国家又怎能在建设有中国特色社会主义大道上稳步前进？

　　　　工作中，虽然你的稳重与对工作的执著认真足以让我放心，但我还是要在此提醒你：在现场检查时，想一想安全，这是你最亲的人的企盼；在处理问题时，考虑一下安全，这是对你生命的尊重，也是对同事的负责；在"冒一次险不会有事的"这样的念头跳出来时，请你赶快拉响"安全"的警笛，把我们终身的幸福挽留、保住！

　　　　每天你回到家里，我总会唠叨："工作中一定得注意安全哦！"你常常笑称我简直成了"唠叨的老太婆"，人们常说"平安是福"，此话真的一点不假。你要相信我，我句句实言、发自肺腑，支撑我写出来的只有"生命不能再来，安全才能回家"、"安全是根绳,牵着千万人"、"安全是根线,连着亲人念"、"你工作中多一份谨慎,我心里便少一份牵挂;你工作中多一份安全,我心里便多一份踏实"、"对于世界,你只是微不足道的一分子;对于家庭,你则是整个世界"。你要知道,身为中层管理人员,你的平安维系着单位的稳定,维系着家庭的幸福。在我们的家庭中,上有六十多岁的父母,日日盼你健康快乐;中有你的结发妻子,天天挂念着你的冷暖安危;下有茁壮成长的宝宝,正依靠着你的培育。

在我的心目中,你就是支撑整个家庭的栋梁,有了你的存在和健康,才能为我们遮风挡雨,我们才能享受明媚的阳光。你的平安,就是我的幸福,更是全家的幸福。对于我而言,你是我坚强的依靠;对于我们的家而言,你是幸福、美满的源泉。没有你,家庭将不再温馨,我将不再笑容灿烂。为了孩子,为了父母,为了我,为了我们共同的家,我还是要千遍万遍地叮嘱:"亲爱的,注意安全呀!"我的愿望依然是那么朴实而敦厚,希望你每天都能"高高兴兴上班去,平平安安回家!"

妻 子

这是长江重庆航道局一名普通员工的妻子写给丈夫的一封信,写出了家人无尽的期盼与爱,写出了平安对一家人无比的重要性。

家人平安,家庭才能完整;家人平安,家庭才能有爱;家人平安,家庭才能和谐。平安是福,为了家人的幸福,请每天平平安安回家来!

2.

预防家庭犯罪,创造祥和的家庭氛围

古人云:"欲治其国者,先齐其家。"随着社会的发展,人们的思想空前活跃,家庭成员思想意识和文化需求呈现出多样性和复杂性,一些家庭出现了价值观扭曲、道德行为失范等问题,出现各种家庭犯罪行为,不仅破坏了家庭的安宁,侵犯了家庭成员的人身权利,而且损害了社会的法治和安全。

依据家庭犯罪案件发生原因的不同,主要包括情感型家庭犯罪、利益型家庭犯罪、暴力型家庭犯罪、管教型家庭犯罪、疾病型家庭犯罪等情况。其中,情感型家庭犯罪为家庭犯罪的主体。

情感交流是家庭幸福的基础,也是家庭生活的重要内容。随着经济条件的改善和婚姻观念、家庭观念、夫妻忠诚观念的变化,一旦夫妻一方或双方出现了"婚外情"、"婚外性"及"包二奶"等越轨行为,就给夫妻带来了感情危机;另一方处于泄愤或报复心理,对婚姻的背叛者或第三者进行打骂或威胁,致使矛盾逐渐升级、激化,最终转化为伤害、杀人等家庭暴力犯罪。

这种犯罪除了发生在有矛盾的夫妻双方之间外,由于父母婚姻关系的破裂,还会影响到孩子的感情,甚至让孩子产生仇恨、报复的意念,因而引发的其他家庭成员间的犯罪也屡见不鲜。《法制日报》上曾刊登过一个"杀母焚尸"案,从中我们就能看到类似诱因的作用。

　　金宇(化名)自小生活在一个由继父与母亲组合的家庭里,母亲与继父不和,经常吵架,本来对继父没多少感情的金宇更是讨厌继父,因为缺少爱,金宇将一切错误归于母亲,认为是她婚姻的失败才导致自己生活的不幸。大专毕业后,金宇只想离开那个毫无温暖的家。

　　不久,金宇在工作中认识了一位比自己大十多岁的已婚中年男子,并开始交往。金宇的母亲得知女儿交了这样一个男朋友后,十分气愤,千里迢迢来到女儿工作的城市,同女儿大吵了一架。

　　与此同时,金宇的事业也一再失败,与人合伙做生意也亏了,没办法只好偷偷将家里的房子抵押进行贷款,后被银行追债。母亲和继父得知后,更是闹得不可开交。悲剧就在这样看似一团糟的生活中发生了。

在一次大闹后,金宇失手将母亲杀害,害怕被人发现就焚尸,并逃离现场。

由于感情的破裂,很多人承受着各种生活上和心理上的压力,缺乏关爱、真诚和沟通,当家庭出现各种矛盾时,家庭成员间的私欲、自我利益膨胀,就容易产生畸形心理。预防这类家庭犯罪,加强家庭伦理道德教育,营造家庭成员之间互让、互爱的道德体系十分重要,要有正确的人生观、婚恋观。

利益型家庭犯罪主要诱因是家庭成员间的利益纠纷,特别是兄弟之间、叔伯之间、妯娌之间的利益纠纷。这种类型的犯罪主体往往极其自私,视钱如命,把金钱、利益看得重于一切,往往因为财产分配、老人赡养、宅基占用等利益纠纷与家人产生矛盾,由此而产生怨恨,不惜伤害自己的家人。

利益型家庭犯罪,还包括一些职务犯罪。特别是一些领导干部,在各种诱惑下,很容易失去自我。家庭成员是制止职务犯罪的关键因素,在职务犯罪预防中具有不可替代的屏障作用。一是提高家属成员廉洁意识,积极主动反腐是保持干部清正廉洁的有效途径。由于家庭成员间利益的一致性,以及感情上的亲密性,行、受贿者双方一般都不回避受贿者的家庭成员,并且相当一部分行贿者首先从家庭成员下手找到突破口来达到自己的目的。二是家庭成员及时了解与规劝是预防职务犯罪的重要条件。家庭成员常年生活在一起,相互之间总能潜移默化地感染一些促成或抑制违法的因素。

疾病性家庭犯罪也十分值得注意,特别是患有精神病的家庭成员,是家庭里的"不定时炸弹"。

2011年11月15日凌晨4点多,湖北省武汉市汉阳区龙江庭院B区7栋705房间,17岁的高中男生徐阳(化名)突然拿起家里的菜刀,疯狂地砍向刚从熟睡中醒来的亲生父母,致母亲死亡,父亲重伤。

事后,徐阳的父亲徐良在病床上接受记者采访时透露,他在18年前结婚时就已经知道自己的妻子,就是徐阳的亲生母亲患有精神分裂症，且会遗传。而儿子也在案发前一个月被医院检查出的确患上了精神分裂症，但是因为经济困难，而未能得到应有的治疗。

躺在病床上，父亲最担心的是儿子的将来："希望国家能管理他，但不是仅仅把他关着，还要给他治疗，他还小，以后还有很长的路要走。"

据相关资料显示，我国精神病患者中，只有 20％到医院就医，另外的 80％因各种原因而流散到社会中。大多数精神病患者的家属都知道自己的家人患有精神病，苦于没钱或其他原因没有及时治疗，而现有法律和关于精神病患者的救助和监管制度又不够完善。监管这些病人，就成了家庭的一个重要责任。家庭成员除了积极救治外，要尽量让这些人紧张、压抑的心理得到宣泄和化解，避免他们心理失衡，走向极端。

此外，还有一些家庭暴力犯罪，犯罪主体大多是家庭的受暴女性；管教型家庭犯罪，犯罪的主体大多是未成年人。对于这些易犯罪的群体要有针对性地监控，最主要的还是要从家庭建设根本入手。

首先，清理婚姻家庭中的不稳定因素，惩治妨害婚姻家庭的犯罪行为，消除不利于婚姻家庭稳定的黄、赌、毒等丑恶现象。

其次，弘扬社会主义伦理道德，净化社会风气，加大宣传教育力度，使家庭成员的价值观、人生观回到正常的轨道上去。

最后，重视家庭教育管理，提供良好的家庭环境，家庭成员之间要相互关爱。

家庭犯罪是完全可以预防的，只要全体家庭成员重视家庭中出现的各种不良现象，加以重视，正确引导，就能将家庭犯罪的苗头杜绝，从而保证家庭的祥和氛围。

3.

和谐社会拒绝家庭暴力

李阳，"疯狂英语"创始人，全球著名英语口语教育专家，英语成功学励志导师，中国教育慈善家，全国五百多所中学的名誉校长和英语顾问。就是这样一个成功的知名人物却同"家庭暴力"这样的反面词语联系在了一起。

2011 年 8 月，李阳的第二任妻子、美国籍的 KIM 在微博上公开李阳家庭暴力，引起轩然大波。随后，李阳承认对妻子实施家暴。同年底，李阳的离婚案在北京朝阳法院开庭审理，双方同意离婚。

家庭暴力，一个世界性的问题，在不同的地域、不同的民族、不同的社会制度中都存在着不同程度的家庭暴力事件，因家庭暴力导致的刑事案件也居高不下。这种暴力既有对生命的威胁，也有对老人、妇女、儿童的精神上的虐待，成为人类发展进程中困扰全球的落后、野蛮的社会痼疾。

随着社会的变迁，中国的家庭暴力现象不断显现出来。根据 1994 年国务院发布的《中国妇女状况》白皮书，我国每年约有 40 万个家庭解体，其中 25％是由于家庭暴力引起的。家庭暴力不仅对受害人造成生理上和精神上的痛苦，它还是对家庭中弱势群体人权的严重侵犯。

2011 年 11 月 9 日晚，家住河南省新密市的贾富贵（化名）像往常一样打发自己的 4 岁儿子阳阳（化名）和 3 岁的女儿玲玲（化名）到里屋看电视，自己在厨房里煮饭。

一会儿，阳阳跑来说妹妹在屋里大便了。贾富贵赶忙回到屋里，看到地上和玲玲的身上都是脏的，非常生气，接下来开始暴打女儿，最后一脚猛地将女儿从床上踹到地上。

这天半夜，贾富贵发现女儿发烧了，就在家里找了一包药喂她喝下。次日清晨，女儿虽然退烧了，却不出声了。贾富贵慌了，最终决定抱着女儿到新密市中医院看看。

据新密市中医院接诊医生介绍，贾富贵带着自己女儿来到医院时，已是当天下午的 4 点半左右。当时女孩两侧瞳孔散大，处于昏迷状态，前额肿大，眼部周围青紫，刺激后没有反应，身上没有发现外伤。情况危急，玲玲很快被转到了解放军 153 医院。接诊医生在查看了玲玲的脑部 CT 片后发现，孩子双侧脑水肿特别严重，有脑疝形成，脑内有出血，情况很严重，必须立即做手术治疗。

但是，贾富贵拒绝了手术。事后，他对此解释道："医生说手术很危险，可能会有后遗症，我没有钱，又考虑到手术后的恢复情况，就没有同意做手术。"当天，他抱着女儿在重症监护室一个屋子内的连椅上睡了一夜。

11 月 11 日早上，贾富贵抱着女儿又去了河南省医学院，两个医生都说玲玲情况很危险，随时有生命危险，即使做手术也不一定能保住生命。贾富贵决定将女儿带回家。

当天下午，外出的妻子回到家里时，玲玲停止了呼吸，这位母亲只能面对一具小小的尸体。经新密市公安局法医鉴定中心鉴定，玲玲系头面部及腹部受到撞击后致颅脑损伤而死亡。11 月 12 日，犯罪嫌疑人贾富贵被公安机关抓获。

贾富贵经常打孩子，已是远近皆知之事，孩子经常被他打得遍体鳞伤。妻子为此还经常与他闹离婚，孩子们见他就躲得远远的。

据贾富贵介绍，他家境贫穷，但因是家里唯一的儿子，一直备受父母溺爱；上学时成绩不错，曾经念到当地一所高中，为了不给家里添负担也怕考不上对不起父母，最终放弃了高考冲刺的复习；毕业后曾打过工、经过商，均未能成为长久的营生，最后回到村里接手几亩旱田。人生的失败感点燃了他暴躁的脾气，最终他将所有怨气发向了妻子、孩子，导致了悲剧的发生。

这件事的后果并不会因玲玲的死亡而结束。这个悲剧还会延续很久，正如贾富贵被捕后担忧的一样："如果哪天孩子们长大了，他们要怎么面对这样一个父亲？而拥有这样的父亲，他们

又怎么面对别人? 我后悔莫及。"

引发家庭暴力的行为原因是多方面的,暴力行为所造成的后果却具有一致性,那就是不同程度地侵犯了公民的人身权利,损害了受害者的身心健康,给家庭、社会的不稳定埋下了隐患。

家庭暴力不仅仅表现在对肉体上的殴打,精神上的折磨、语言上的虐待、经济上的控制等等,也是一种家庭暴力,这是一种"冷暴力"。

中国法学会对全国家庭暴力现状的一项社会调查表明,在发生矛盾的家庭中 88％会出现夫妻双方互不理睬的现象。一项针对北京、天津、武汉、长沙四城市 2000 多个家庭的入户调查显示,70％以上的家庭都有过或正处于不同程度的冷暴力,冷暴力出现频率最高的是受过良好教育且有一定社会地位的知识分子家庭。一些现代家庭中,夫妻双方文化、知识水平都比较高,对传统的暴力行为都比较克制,当矛盾产生时他们碍于面子轻易不会厮打怒骂,"理智"地采取冷暴力这种消极应对的方式,常表现为"三不政策"不说话、不理睬、不关心,即使说话也常是嘲笑、语言折磨。

冷暴力比动手打人造成的危害更大。以精神暴力为例,这种暴力行为对人的伤害不亚于身体暴力,长期遭受精神暴力,容易出现情绪表达障碍和性格扭曲。夫妻间的冷暴力还会影响到其他家庭成员。在这种家庭环境里生活的孩子,轻者会性情忧郁,变得懦弱或残暴,重者可能产生自杀倾向。

和谐家庭拒绝暴力,和谐社会也拒绝暴力。家庭是组成社会的基本元素,这不仅仅是家庭内部私事,更是关系到社会的稳定与和谐。当这个本应温馨和睦的空间被内部暴力侵蚀时,不论是主动施暴的一方,还是在恐惧中承受暴力的一方,都成为了受害者。家庭暴力不仅对个体造成严重伤害,在一定程度上也会对社会安定造成破坏。如何消除家庭暴力的恶劣影响,已成为摆在我们面前刻不容缓的一道难题。

就我国的法制环境而言,家庭暴力尚未明确立法加以制止;同时,我国调解家庭矛盾、家庭纠纷的社会调节机制尚不健全。因此,解决家庭暴力的问题必须由家庭成员承担主要责任。

我们面对冷暴力时,要耐心去找出对方内心的真正需求,面对对方的性格和沟通障碍之症结所在，发现对方有心理问题，需及时进行心理治疗，及时沟通、交流才是化解矛盾的最好办法。

4.

健康的身体是幸福的根基

人生就像一场马拉松，想幸福地生活，首先必须具备健康的身体。如今，国运昌盛，民生日裕，人们对健康的追求日益迫切，人们越来越懂得，无法用金钱和权势获得的健康才是一切幸福的根基，没有了健康，一切都是空谈。

不可忽视的是，生活中还有很多人认为自身正是精力充沛的年龄，于是不顾身体，拼命工作，透支健康。特别是一些政府高官、企业精英，很多因为沉重的工作压力早早就因病去世。有调查显示，我国高级知识分子的平均寿命是 58 岁，远远低于我国人口的平均年龄 69 岁。

我们常听到这样一句话："40 岁前拿命搏钱，40 岁后拿钱买命。"其实，我们完全没有这个必要，如果我们能去医院常常接触一些病人，体会就会相当深刻。

突然听到朋友因高血压脑充血倒下的消息时，我和爱人十万火急地飞奔赶往医院。

救护车将朋友送到急救中心门口时，他已经口吐白沫了。医生说："恐怕会有生命危险，要马上做开颅手术，能否成功也难说。但他还年轻，我们一定会尽力！"

这个消息让我和我的爱人都很难接受，前一天我们刚到朋友家做客，小夫妻还很热情地为我们做菜，抱着半岁大的孩子，一家人其乐融融的。可第二天朋友就被送到了急救中心，人生无常，令人感慨万千。

我和妻子站在急救中心的大厅里，救护车一辆辆的频繁进出，心情也随着上下起伏。我的心理有了这样一种强烈的感受："只要一家人能平平安安活着，这就是一种幸福。不需要去在意、计较什么，有缘在一起生活，真应该好好珍惜这生活，珍惜家人。"

朋友的妻子抱着半岁大的孩子，六神无主，一边擦着眼泪，一边还是坚强地面对，去办理朋友手术的相关手续。

我接过朋友妻子怀里的孩子，孩子小手紧紧地抓住我的手指，大概也感到爸爸情况的危急，很不安定地左顾右盼，一直想找妈妈的身影。我不断地拍着她，安抚她，可是她仍然哭了起来。这时，我似乎也能感受到，什么叫母子连心，孩子也感受到这气氛的紧张，很害怕，静不下来。

朋友被推入了手术室，我们便在门外为他祈祷，希望他能坚强，希望手术顺利。怀着那急切的心情在门口守候、祈祷时，我们又看到几位因车祸等被推入手术室的病人和那焦急等在门外的家属，心里突然很感动。每一位家人都是我们应该珍惜的亲人，因为在我们最需要的时候，他们总会在我们身边守候，不管多苦多累，他们都会守在手术室门口，等到出来的那一刻。

几个小时过去了，大家都忘记了吃东西，一直不断地为朋友祝福、祈祷着。经过三个多小时的手术，医生终于走出了手术室，告诉我们手术很成功，并将那一块头骨以及抽出的血拿出来给我们看时，我们除了惊讶外，也都松了一口气。

手术虽然成功了，但是朋友还处于昏迷之中，还未度过危险期。所有的亲人和朋友都不议长心，一直站立守候到深夜两三点，才回去休息。出医院大门时，爱人很担心地对我说："一个妻子，才二十几岁，面对倒下的丈夫，又带着七个月大的孩子，那该怎么办呢？"

是啊，人的身体对家人来说是多么的重要呀！有的病人，昏迷了十几天，仍然不醒，他们的亲人就一直在门外，一直守护着，一刻都不敢离开，只怕有一个闪失。晚上有的人也仅在地上铺一块纸板就睡下，那种对亲人的爱心守护，真的很令人感动。

医生估计，朋友需要10天才能清醒，担心会不会伤到脑，会不会有失忆、失语等症状，都难以肯定。一开始，朋友的妻子很是担心，但是第三天时，朋友奇迹般地醒过来了，大家都高兴极了，朋友的家人都兴奋地掉下了眼泪。

医生说，家属可以去看他一眼。朋友的妻子和从家乡赶来的父亲、岳父都迫不及待地进去了。朋友的妻子很坚强，没有掉眼泪，怕影响朋友的情绪，只是在他身边安慰着："不管怎么说，你又回到我们身边了！ 你一定要坚强。"朋友抓着妻子的手，抓得那么有力，那么紧，眼里闪动着泪花，情绪渐渐平缓了下来，他知道，自己要坚强。

朋友的妻子走出病房时，很激动，她说："我今天就很想能见他一面，真是菩萨保佑，让我终于见到他了，今天是我们结婚周年的纪念日！"

朋友的身体渐渐恢复了，每天家人都在为他担心，每天都有一些惊喜，在手术四五天后，朋友从重症监护，转到了普通监护病房，终于脱离了危险，令人感动与欣慰。

一个星期的时间很短，对于朋友的一家来说却是漫长的。这件事让我深深地体会到：人生很短，我们要好好珍惜，不要有太多的贪求，一家人健康平安和气，就是最大的福气。能与家人一起每天吃饭、散步、谈天，本身就是一种幸福，平淡而朴实的生活虽然简单，却很值得珍惜。

当自己的家人生病住院或离去时，在给我们带去无限悲伤的同时，也会让我们有万千的感慨。生活中的任何事情都可以像一只皮球，拍下去还会弹起来，不必过分在意；而健康就像一个空心玻璃球，一旦破碎，就不能恢复了。

那么，什么叫做健康呢，世界卫生组织对健康有着详细的解释：

1. 充沛的精力，能从容不迫地担负日常生活和繁重的工作而不感到过分紧张和疲劳。

2.处世乐观,态度积极,乐于承担责任,事无大小,不挑剔。

3.善于休息,睡眠好。

4.应变能力强,能适应外界环境中的各种变化。

5.能够抵御一般感冒和传染病。

6.体重适当,身体匀称,站立时头、肩位置协调。

7.眼睛明亮,反应敏捷,眼睑不发炎。

8.牙齿清洁,无龋齿,不疼痛,牙龈颜色正常,无出血现象。

9.头发有光泽,无头屑。

10.肌肉丰满,皮肤有弹性。吃食不挑剔,说话有条理,走路稳健。

要想保持健康的身体,我们需要经常锻炼身体,保持良好的心态,还要注意营养均衡的饮食习惯。幸福靠健康,健康靠自己,为了爱人,为了孩子,为了父母,为了家庭的幸福,请保重自己的身体,请关爱家人的身体健康。

5.

科学健身才有好体魄

随着人们生活水平的不断提高和对健康的日益重视,近年来,全民健身活动在全国各地蓬勃兴起,对提高全民的身体素质、健康水平和生活质量发挥了重要的作用。合理的运动可以带来健康,但是缺乏科学的指导和相关的规范引导,"健身"变"损身"的事时有发生。

张大爷60多岁了,因为有糖尿病,为了加强身体抵抗力,他每天都会健身。让人郁闷的是,本想坚持长跑将身体锻炼得好一点，却没有想到锻炼的结果糖尿病越来越严重。

后来，张大爷在接受体质检测时终于弄明白了原因。原来，每项运动所需要付出的运动量不尽相同，对应的身体状况也有所不同。对于像张大爷这样的大多数糖尿病患者，尤其是中老年患者而言，只能参加有氧的中等强度以下的运动项目，如散步、快走、慢跑、太极拳、游泳、健身操等，长跑并不适合他。

"不懂科学锻炼的后果很严重。"张大爷感叹道。他介绍，他们小区的老人们，参与的社区健身活动，全是自愿为主，对哪些项目感兴趣就参加哪些项目，并不懂得根据自身的情况制订科学的健身计划。

与张大爷类似，刘女士健身同样变成了"损身"。因工作原因，刘女士身体过胖，她想通过运动瘦身，由于工作比较忙，只能安排中午时间参加健身。每周工作日的上午一下班，她便空腹去健身会所，午饭总在下午上班前才开始吃。结果，半年下来，本想减肥塑身的刘女士体重反而增加了4公斤。

经专家检测，刘女士之所以越减越肥主要是因为方法不对。原来，健身之后最忌贪吃，因为运动以后人体的吸收能力非常强，多吃是很容易长肉的，而刘女士每次健身后都会感觉很饿，然后再吃一通。专家建议刘女士最好的办法是在办公室里备点零食，在运动前一个小时左右吃点水果、全麦面包，喝点运动饮料，以补充运动中要消耗的糖类。等运动后，回到办公室再适当吃点就可以了。

像张大爷、刘女士这样不懂得科学健身的人在我们生活中并不在少数。据统计，有大约七成的人不知道自己适合何种运动，选择健身运动方式时"随心所欲"，这种健身运动方式不仅起不到应有的效果还会伤身。因此，健身运动必须掌握适宜的运动强度、运动形式、运动时间，在科学的运动处方指导下进行体育锻炼。

以有氧运动为例，许多人都知道有氧运动对身体有好处，究竟什么是有氧运动，多数人却不能说得清，有人甚至直观地认为有氧运动就是在氧气充足的环境里运动。是不是有氧运动，衡量的标准是心率。当心率达到最大心率的 70％～75％时,就可认定是在进行有氧运动。

有氧运动的特点是强度低,有节奏,持续时间较长,要求每次锻炼的时间不少于 1 小时,每周坚持 3～5 次。这种锻炼,氧气能充分酵解体内的糖分,并可以消耗体内脂肪,还能增强和改善心肺功能,预防骨质疏松,调节心理和精神状态,是健身的主要运动方式。常见的项目有:散步、水中走步、快步走、慢跑、滑冰、游泳、骑自行车、打太极拳、跳健身舞、做韵律操等。

无氧运动,如赛跑、举重、投掷、跳高、跳远、拔河、肌力训练等。由于速度过快和爆发力过猛,人体内的糖分未经氧气分解提供能量,因而产生过多的乳酸,导致肌肉疲劳不能持久,运动后感到肌肉酸痛,呼吸急促,对人体影响较大,不宜用作健身保健。

在健身运动的时间选择上,我们也应注意科学性。如清晨人体冠状动脉张力高,交感神经兴奋性也较高,心肌缺血、心绞痛、急性心肌梗死多发生在早晨 6 点到上午 12 点之间,因此,运动应选择下午或晚上较好,如果清晨健身,运动量要尽量小一些。糖尿病患者空腹时应禁止运动,提倡餐后两小时运动等,不同的个体应根据自身的特点及锻炼的目的选择不同的运动时间。

科学的健身运动必须做到每次锻炼前的准备活动和每次锻炼后的结束活动。准备活动就是热身,活动强度比较小,其目的是充分活动各个关节、肌肉和韧带,也使心血管系统得到准备。结束活动又称为整理,目的在于使高度活跃的心血管系统逐步恢复到安静状态,一般采用小强度放松性运动。准备活动和结束活动不充分是造成运动意外最常见的原因。

我们还要注意周围环境因素对运动的影响,如寒冷和炎热气候要相对降低运动量和运动强度,穿戴要宽松、舒适、透气。根据个人能力,定期检查和修正运动处方,避免过度训练,但训练必须持之以恒。

人体健身锻炼大都是全身性的,所以运动并不是单纯地局限于健身强壮肌肉、灵活肢体的体表塑造作用,它更有健脑健身心的内在调节功能。现代医学的研究也证明,运动是在大脑指挥下进行的肌体活动,同时大脑又接受来自肌肉、关节的神经末梢感受器对刺激的反应信号的输入,也就是说,运动可以调节神经系统活动,增强大脑皮层的兴奋和抑制过程。因此,科学的健身还需要良好的心态。

科学合理的锻炼,加之良好的心理心态,能使健身者心情舒畅,情绪稳定,感到生命力旺盛,保持了生理年龄的年轻,这种精神状态又有益于增进身体健康。脑力劳动将逐渐占优势替代体力劳动并限制肢体的运动和发展,健身运动既健体又健脑。

运动健身者要想取得良好的健身效果,就必须要在科学的运动处方指导下进行体育锻炼,并遵循健康运动健身的原则,只有这样才能取得健体和健脑的双重效果。

6.

好身体还要有好心态

网络上流传着这样一段顺口溜:"满桌佳肴你得有好牙,腰缠万贯你得有命花,赏一路风光你得走得动,拣一座金山你得能够拿,垄沟里刨食的是条好汉,病床上数钱的是大傻瓜,千里纵横你总得有个家,万众首领你也得有个妈,委屈烦恼你非得有人听,出色得意时还得有人夸,酷毙了靓绝了你得有人爱,摔倒了失足了你得有人拉,结怨不如结缘,栽刺不如栽花,富贵不如富态,高寿不如高兴。"

仔细想来,这段顺口溜倒是有一定的哲理,落脚点主要在后两句:"富贵不如富态,高寿不如高兴。"就是说,人要有好身体,还要有个好心态,这才是最好的,也是最根本的。

现实生活中,我们会看到很多有钱的人之所以不快乐,原因在于他们所看到的是人世间阴暗的一面,他们用自己物质财富的价值来衡量自己人生的价值,用金钱的味道来熏染着自己一颗虚荣的心,用一身高档的名牌来包裹自己的外表,来炫耀自己、展示自己的富有。他们奉着金钱万能的思想,把人与人之间的情感转化为金钱与利益的互相交换,甚至对家庭都有利益针对性。这种人生活在方孔之间,眼睛所看到的是一己之利,患得患失。脸上虽然笑容可掬,内心深处却是痛苦、疲惫不堪。有了这样一种心态,欢乐何来呢?

有些穷人之所以生活得快乐,只因为他们在生活的艰辛中找寻着人生的希望;在困顿的境遇中磨炼自己坚强的意志;在生活的磨难中积蓄着前进的力量。即使他们生活在黑暗中,也能感受到一丝幸福的光芒。他们穷的是自己的身体,富有的却是与命运抗争、永不言败的执著与刚强。

可见,健康的人生不仅要有好身体,还要有好心态。

好心态与好身体是紧密相连的。科学研究显示,肿瘤喜欢情绪低落的人。正常人体内每天都会产生 3000 个癌细胞,与此同时,在我们的身体里面,又有众多"自然杀伤细胞"专门负责对付癌细胞,使其处在萌芽状态时就被及时杀灭。这些"抗癌勇士"的战斗力与情绪休戚相关,乐观、自信等良好情绪能激发它们的战斗力,当人们被忧虑、恐惧、贪欲、怯懦、嫉妒和愤怒等不良情绪困扰时,这些"自然杀伤细胞"的作用会下降 20% 以上,抵御肿瘤细胞的能力也就大大降低。

好心态的威力不仅能对付癌细胞,还能左右我们的许多人生决定。

教授找了几个人做实验,在光线昏暗的情况下通过一座小桥。

教授说:"你们所有的人听我的指挥,走过这个弯弯曲曲的小桥,千万别掉下去,不过掉下去也没关系,底下就是一点水。"所有的人都听明白了,大家轻松地过了桥。

这时,教授打开了一盏黄灯,透过黄灯,大家看到,桥底下不仅仅是一点水,而且还有几条在蠕动的鳄鱼。所有的人吓了一跳,庆幸刚才没掉下去。

教授问:"现在你们谁敢走回来?"没人敢走了。教授接着说:"你们要用心理暗示,想象自己走在坚固的铁桥上。"

教授诱导了半天,终于有三个人站起来,愿意尝试一下。第一个人颤颤巍巍,走的时间多花了一倍;第二个人哆哆嗦嗦,走了一半再也坚持不住了,吓得趴在桥上;第三个人才走了三步就吓爬下了。

这时,教授打开了所有的灯,大家这才发现,在桥和鳄鱼之间还有一层网，网是黄色的，刚才在黄灯下看不清楚。大家现在不怕了，说要知道有网我们早就过去了，几个人快速地过了桥。

只有一个人不敢走，教授问他："你怎么回事？"这个人说："我担心网不结实。"

又有一个教授做了一个更加残忍的试验，他把一个死囚关在一个屋子里，蒙上死囚的眼睛，对死囚说："我们准备换一种方式让你死，我们将把你的血管割开，让你的血滴尽而死。"然后，教授打开一个水龙头，让死囚听到滴水声，教授说："这就是你的血在滴。"

第二天早上打开房门时，大家发现死囚死了，脸色惨白，一副血滴尽的模样。其实，他的血一滴也没有滴出来，他被吓死了。

第一个试验揭示的原理是心态影响能力。第二个试验揭示的原理是心态影响生理。心态好，生理健康，能力增强；心情不好，生理差，能力差。心态就具有这么大的力量，从里到外影响着人们。

人有 9 类基本情绪：兴趣、愉快、惊奇、悲伤、厌恶、愤怒、恐惧、轻蔑、羞愧。在这 9 类基本情绪中，除前 3 类外，其他 6 类都是不好的。由于人的负面情绪占绝对多数，因此人不知不觉就会进入不良情绪状态。不良的情绪会导致发脾气、不愿意配合他人、人际关系紧张，这种不好情绪就会像瘟疫一样在家庭中传染，导致家庭的不和谐。

要想做到心理平衡，首先，要学会改变自己。"祸兮福之所倚，福兮祸之所伏"。我们改变不了事情，却可以改变对事情的态度。事情本身不重要，重要的是人对这个事情的态度。态度变了，事情就变了。我们要从失败与挫折中寻找积极因素，从而达到新的心理平衡。事情没有好坏之分，关键是我们对事情的态度。要知道，不经一番寒彻骨，哪得梅花扑鼻香？

其次，要学会自信。自信是成功的前提，也是快乐的秘诀。唯有自信，才能在困难与挫折面前保持乐观，从而想办法战胜困难与挫折。要学会赏识自己，悦纳自己，勉励自己，如果自己做不到，可以让家人监督。总之，要想办法让自己自信，自信就能快乐，快乐就能让家庭充满笑声。

最后，要学会宽容，培养自己宽广的胸怀。一个人心胸狭窄，只关注自己，就容易生气，闷闷不乐，斤斤计较。当你胸怀宽广时，你就会容纳你的家人，欣赏你的家从，宽容你的家人，自己的心境也就能保持乐观。让我们善待每个一个家庭成员，深切地理解每个人，相信自己，也相信家人，严于律己，宽以待人，这样我们一定能保持良好的心态。

一个人幸福不幸福，在本质上和财富、地位、权力没关系。幸福由身体、心态决定，积极的心态就像太阳，照到哪里哪里亮；消极的心态像月亮，初一和十五不一样。有健康的身心相伴，我们才有力量与家人共同触摸幸福之感。

7.

现代饮食误区和合理饮食习惯

民以食为天。现在的人除了要求吃出美味，更要吃出健康、吃出美丽。在追求健康与美丽的过程中，现代人存在着很多不合理的饮食习惯和饮食误区，从而导致缺乏营养、营养过剩和营养失衡等现象发生。

中国居民营养与健康状况调查报告显示，随着生活水平的提高和生活方式的变化，我国居民疾病谱发生明显改变，慢性非传染性疾病发病率和死亡率迅速上升。我国 18 岁及以上成年人中高血压患病人数达到了1.6亿，超重和肥胖人数分别为 2 亿和 6000 多万，糖尿病患病人数达 2000 多万，另有近 2000 万人空腹血糖受损。

世界卫生组织报告指出，高血压、高胆固醇、体重过重或肥胖、缺乏体育活动、水果和蔬菜摄入量不足以及吸烟，是引起慢性非传染性疾病最重要的危险因素。这 6 项都与人们的行为和生活方式关系密切。

小梅 5 岁，上幼儿园中班，很聪明，体能也很好，但就是语言表达比同学差了一些。小梅最喜欢上幼儿园的原因是可以吃点心，尤其园里最近经费充裕，每天会给小朋友两杯鲜奶、几包饼干和乳酪条。老师告诉小梅妈妈，小梅最近懒懒的，和以前好像不大一样，听力也比较差，常常没听到同学或老师在叫她。

妈妈带小梅看小儿科医师后，才发现小梅有严重的中耳炎且耳膜有破洞，要赶紧服用抗生素，而且有可能要做引流手术。小梅妈妈一听到要动手术，不免担忧心急起来，只怪自己平时太专注于工作，没有注意到孩子。现在回想起来，难怪最近小梅常会挖耳朵，而且有臭味，妈妈以为是洗澡时水流进去了，原来是耳朵已经化脓。

妈妈有个高中同学在当护士，建议带小梅去看自然医学的医师。结果医师一看，发现是幼儿园的牛奶、饼干与乳酪惹的祸，要小梅严格遵守停吃一切乳制品，并且服用一些天然药剂。3个星期后，小梅的耳膜便自然愈合，也不再挖耳朵了。

为什么喝牛奶，会出现这种情况呢？医生解释：第一，牛奶或乳制品含有许多蛋白质，容易使人产生过敏与自体免疫疾病。第二，牛奶中的乳糖与酪蛋白，婴儿体内有特定的酶来分解它，但等到3岁乳牙长齐之后，这种酶就会消失，终其一生不再分泌，因此3岁以后喝牛奶的话，容易引起消化不良。第三，牛奶中的蛋白质比人奶的大且致密，不容易消化。第四，牛奶中的蛋白质比例与人不同。第五，现代牛奶含大量的雌激素、生长激素、抗生素、杀虫剂和农药。第六，牛奶虽然钙质含量丰富，但这个钙却不容易被人体吸收，因为牛奶含有大量的蛋白质，身体为了中和其酸性，必须从骨中释出钙进入血液中，因而造成骨质流失。第七，牛奶经过高温杀菌，许多成分遭到破坏。

医生说，小孩子不宜大量地喝牛奶，最好用羊奶或豆浆代替。

平时我们都认为多喝牛奶有好处，通过这个案例，我们会发现，并不是什么都是我们想象中的那样。想要做到合理的饮食，我们首先必须弄明白哪些饮食习惯是不正确的，应该吃什么、怎么吃、如何补。

目前，我国居民的主食以白面、大米为主，很少有人吃粗粮。约有

40％的居民不吃杂粮,16％的人不吃薯类。多食对健康无益的油炸面食,则占居民食用率的 54％。而杂粮及薯类中富含的膳食纤维可降低慢性疾病发生的危险。

猪肉是我国居民消费的主要肉食,占居民食用率的 94％,牛羊肉、禽肉及水产品的食用频率较低。猪肉的脂肪含量是牛肉的 2.8 倍,鸡肉的 2.2 倍,不饱和脂肪酸却显著低于鸡、鸭、兔肉。因此,城市居民的脂肪热能不断增加,已超过世界卫生组织建议的占热能食物总比重 30％的限制。

奶及奶制品、大豆及其制品在我国居民中的消费依然较低,农村明显低于城市,四类农村鲜奶饮用率仅为大城市的 1/10。这对于促进居民骨骼健康、防止骨质疏松和贫困地区预防营养不良都极为不利。

此外,青少年饮用饮料的比例明显高于其他年龄段人群,饮用率达 34％,且果汁饮料的饮用率低于其他饮料。研究指出,青少年经常饮用碳酸饮料,易导致发胖,不利于牙齿发育,可能引起骨质疏松等疾病。

在饮食行为上,我们很多家庭也存在着大量的误区。居民不吃早餐的比例较高,达 3.2％。城市居民一日两餐比例高于农村。其中,青年人不吃早餐的比例最高。大量的科学实验证明,早餐是一天中最重要的一餐,是能量和营养素的重要来源。不吃早餐时,能量和蛋白质摄入的不足不能从午餐和晚餐中得到充分补偿,容易发生维生素 A 和 B、铁、钙、镁、铜、锌等营养素的缺乏,影响认知能力、学习、工作效率和身体耐力,还可能发生肥胖。

随着都市生活节奏的加快,越来越多的人经常选择在外就餐,青年人在外就餐的比例高达 15％,城市居民的比例达 26％以上。在外就餐给人们带来方便的同时也产生许多问题。首先,在外就餐时,人们所点的菜肴偏重于荤菜,素食的摄入量相对较低,这样就导致人体摄入脂肪量明显高于在家就餐者。经常在外就餐的人体脂含量明显增加。体脂的增加为心脑血管疾病、非胰岛素依赖型糖尿病、高血压和高血脂等慢性非传染性疾病埋下了隐患。

还有一个比较严重的问题,在我国,居民 18 岁之前开始饮酒、吸烟的的比例有增加的趋势。

我国居民吸烟率为 24％,其中男性为 50％,女性为 2.8％。男性吸烟者约达 3 亿，每年造成的经济负担为 3.5 亿美元。我国烟民的吸烟频率、吸烟量较高，约半数的男性烟民每天吸烟 20 支以上。吸烟仍是目前威胁我国居民健康的主要原因之一，我国烟草控制仍然面临着巨大挑战，建议进一步加强控烟措施的研究和实施，尤其是在农村地区。

我国居民现在饮酒率为 21％，与 1991 年比增长了 17.3％，尤其女性增长了 73％。8.8％的现在饮酒者 18 岁前饮酒。男性饮酒率高于女性，农村又高于城市。饮酒以白酒为主，比例为 50％。饮酒可导致酒精性心肌病、高血压等，过量饮酒的女性其乳腺癌发病率高于不饮酒女性。

如何补也十分关键，我国 15 岁及以上居民消费营养补充剂总体水平较低，为 4.9％。而美国成年人营养补充剂的使用率为 40％。研究表明，适度使用复合维生素补充剂与降低先天性缺陷、冠心病、结肠癌和乳腺癌有关，消费复合维生素和矿物质可使老年人患感染性疾病的天数降低 50％。

孕妇和乳母钙、铁、叶酸等营养补充剂的使用率处于较低水平，孕妇叶酸补充剂的使用率为 20.5％。两岁以内儿童营养补充剂的使用率仅为 31％。同时，婴幼儿时期辅助食品添加存在不合理现象。微量营养素的不足，尤其儿童营养不良、铁缺乏和维生素 A 缺乏，对婴幼儿的脑发育和智能发育的影响有终生意义。

如何调整优化食物与营养结构呢？

第一，食物多样，以谷类为主。各种各样的食物所含的营养成分不尽相同，没有一种食物能供给人体需要的全部营养。每日膳食必须由多种食物适当搭配，才能满足人体对各种营养素的需要。在各类食物中应当以谷类为主，并需注意粗细搭配。

第二，多吃蔬菜、水果和薯类。蔬菜、水果和薯类都含有较丰富的维生素、矿物质、膳食纤维和其他生物活性物质。含有蔬菜、水果和薯类的膳食，对保护心血管健康、增强抗病能力、预防某些癌症等有重要作用。

第三，常吃奶类、豆类或其制品。奶类含钙量高，是天然钙质最好的来源，也是优质蛋白质的重要来源。经常吃豆类食物，既可改善膳食的营养素供给，又有利于防止吃肉类过多带来的不利影响。

第四，经常吃适量的鱼、禽、蛋、瘦肉，少吃肥肉和荤油。鱼、禽、蛋及瘦肉是优质蛋白质、脂溶性维生素和某些矿物质的重要来源。应当少吃猪肉,特别是肥肉、荤油,减少膳食脂肪的摄入量。

第五,食量与体力活动要平衡,保持适宜体重。应保持进食量与能量消耗之间的平衡,体力活动较少的人应进行适度运动,使体重维持在适宜的范围内。

第六,吃清淡少盐的膳食。膳食不应太油腻、太咸或含过多的动物性食物及油炸、烟熏食物。每人每日食盐用量以不超过 6 克为宜。除食盐外,还应少吃酱油、咸菜、味精等高钠食品,及含钠的加工食品等。

第七,饮酒应限量,不要吸烟。

第八,吃清洁卫生、不变质的食物。应当选择外观好,没有污染、杂质,没有变色、变味的食物。进餐要注意卫生条件,包括进餐环境、餐具和供餐者的健康卫生状况。

当然,这些只是建议,每个人应根据自己的生活习性、职业习惯等培养适合于自己的科学的饮食规律。戏剧大师萧伯纳曾经说过:"人们倘若有规律地生活,有规律地饮食,就不会生病。"只要严格遵循自己的饮食规律,我们每个人都有可能长命百岁。

8.

健康的娱乐活动有利于家庭的和睦

随着现代生活节奏的加快,人们的日常生活单调而紧张,终日奔波于工作及基本生活需求之间,许多哪怕是极简单的额外活动对大多家庭来说都难得为之。其实,我们消除工作中的精神疲劳不需要大块完整的闲暇时间,可以在一周或者一天中零散的闲暇时间里同家人开展一些健康的娱乐,对身心健康和家庭和谐都有着极大的好处。

我们也应该清醒地看到,随着地区经济的发展,人民生活水平的不断提高和精神生活的丰富多彩,个别家庭和个人出现了生活情趣不高,甚至低级庸俗的现象，有的热衷于打麻将、沉迷于电脑游戏等一些不健康的娱乐活动，不仅严重消耗了家庭成员的工作精力，还影响了家庭和社会的和谐稳定，败坏了社会风气。

对此，胡锦涛总书记曾指出："要生活正派，情趣健康，讲操守，重品行，注重培养健康的生活情趣，保持高尚的精神追求。"培养健康向上的家庭生活情趣，学会辨别正确与错误、美好与丑恶、高雅与低俗，是对我们每个家庭的要求。

健康向上的家庭娱乐活动本身就是一部生动的人生指南，它可以帮助人们放松紧张情绪，驱赶身心疲惫，享受美好生活，像春风化雨般滋润着人们的心田，使人在潜移默化中得到磨炼和砥砺，取得精神体魄、文化知识、思维能力和道德修养的全面提升。

各类学习活动。在美国，人们虽然要拿出很多时间消遣娱乐，但每年仍有2500万成年人接受继续教育，很多人晚上要自费去夜校学习。有些年过65岁的老人还在自觉地接受教育的机会。这种学习型家庭是时代的潮流，也是我国政府所提倡的，空闲之时，我们也可以在家庭里开展各类学习活动，树立终身学习、人人学习的理念，不断提高家庭成员的综合素质，提升家庭生活的品位，实现家庭与社会的同步发展。

听音乐、看电影。听音乐、看电影等娱乐方式能缓解人的疲劳，拂去人们心中的不快，让人乐而忘忧，例如一曲节奏明快、悦耳动听的乐曲，会让体内的神经体液系统处于最佳状态，从而达到调和内外、协调气血通行的效果；一曲威武雄壮、高昂激越的乐曲，可使人热血沸腾、激情满怀，产生积极向上的力量。听音乐、看电影也是多数人和家庭喜欢的娱乐方式。

书画艺术。有人把练书法、绘画比作"不练气功的气功锻炼"。首先，书法讲究意念，练习时必须平心静气、全神贯注、排除杂念，这与气功的呼吸锻炼和意守有异曲同工之妙；其次，书法、绘画都讲究姿势，要求头端正、肩平齐、胸张背直、提时悬腕，将全身的力量都集中在上肢，这与气功修炼的姿势极为接近。练习书画不仅可以达到修身的目的，还可以养性。

钓鱼、下棋。适合垂钓的地方多在郊外，经常到郊外去走走，本身就是一种锻炼；水边河畔，空气异常清新，负离子含量高，让人感到悠悠然自得、心旷神怡，有利于人体的新陈代谢，能起到镇静、催眠、降压、减轻疲劳的作用；另外，同家人一起垂钓和下棋时，欢快轻松之情溢于言表。

养花种树。我们常说"前人种树后人乘凉"、"送人玫瑰，手留余香"。养花种树不仅可以供人欣赏、美化环境、令人赏心悦目，而且花和树的还能起到灭菌、净化空气的作用。鲜花释放的芳香，通过人的嗅觉神经传入大脑后，令人气顺意畅、血脉调和、怡然自得，产生沁人心脾的快感。当你和家人一起做这些有意义的活动时，也会显得格外温馨。

跳舞。现在很多老年人喜欢跳舞，这是社会上一种好的风气，却鲜有年轻人加入跳舞的队伍之中。其实，年轻人压力大，更应该进行这一项有意义的活动。实验研究表明，即使交谊舞中的慢步舞，其能量消耗也为人处于安静状态下的 3～4 倍；跳舞时，舞蹈者要与音乐协调，必须全神贯注，集中于音乐、舞步中，加之轻松愉快的音乐伴奏和迷人灯光的衬托，既是一种美的享受，更能让人陶醉其中。

参加社会活动。如果有孩子比较小的家庭，父母可以经常带孩子一起参加一些社会公益活动，既可从小培养孩子的善良品质，还能为他们献出一片爱心，对社会、对家庭、对个人都是有好处的。例如，德国人最新潮的娱乐度假方式是到乡村去参加各种繁重的体力劳动，充当义务的农场工人，过上几天真正的农家生活，在原始的劳作中忘记城市的喧嚣与烦躁，再精力充沛地返回到工作岗位上去。

有些家庭喜欢搞收藏，还有一些家庭喜欢弄一些小发明，等等，但凡有益身心健康、有利家庭和睦、有助人际和谐等的兴趣爱好与活动，既可丰富家庭的业余文化生活，有益身心健康，又可培养家庭成员的高尚情操，何乐而不为呢？况且，这样的健康家庭娱乐活动，并不需要大量投资，也不需要复杂场地。

古人云："修身，齐家，治国，平天下。"古人把"修身"放在第一位，"修身"好，方能"齐家，治国，平天下"。我们虽然不能要求人人都能"治国，平天下"，但"修身，齐家"则是人人必备的人生功课，这也是人的修养的主要内容。以健康的家庭娱乐活动来涵盖自身的修养，理应成为新时期和谐家庭建设的目标。

9.

家庭旅游：给家人的身心洗个澡

　　旅游，作为现代人闲暇时的一种生活方式，已走进千家万户，成为世界的潮流。随着我国经济水平的提高，居民收入的增多，20世纪末期家庭旅游开始在我国兴起。

　　现代社会赋予旅游一种全新的观念，家庭旅游不单单是一种消费，一种排遣，而是一种多方面的收获，它既可修身养性，又可怡情益智；既是一次紧张之余的调剂，更是补充精神生活的营养品。闲时出游，回归自然，已经成为越来越多家庭释放自我的休闲活动了。

　　大海有一个幸福快乐的三口之家。他们家有一项已有15年历史的集体活动——旅游，有时是一家三口齐出动，有时是夫妻双双去散心。天安门广场、黄浦江外滩、姑苏园林、杭州西湖、桂林山水、琼崖椰乡、敦煌宝窟、新疆大漠等地，都留下了他们一家人的足迹。

　　大海和妻子均属收入不高的工薪阶层，还要供女儿上学。但是他们宁可在别的方面节俭一些，也要把旅游作为重点投资项目，因为它对于家庭的稳定有一种特殊的凝聚力。许多家庭出现夫妻不和、子女和父母不和等现象，其中一个重要原因就是家庭成员之间缺少一种充满乐趣的相处机会，而一家人出门远游，有利于化解矛盾。

　　大海认为，夫妻一起去旅行就是一种极好的加固感情的方式。他和妻子结婚23年，夫妻感情一直很好，这与他们夫妇经常一同外出旅行大有关系。他们有时特意不带孩子同去，使得这对中年夫妇仿佛回到热恋和度蜜月的美好时光。15年前，大海和妻子首次外出旅游，曾在厦门鼓浪屿的爱华旅馆小住数日。

去年,夫妻二人有意旧地重游,再次去鼓浪屿听海潮观日出,而且仍住爱华旅馆。这种怀旧游,让夫妻二人感觉很浪漫。

当大海的女儿只有 4 岁的时候,就已开始乘飞机跨出省界,现今女儿已经跑了大半个中国,令她的朋友们羡慕不已。大海认为,当今许多独生子女毛病多,就是由于长期困在封闭的小温室里,见世面太少。他的女儿自幼随大人到全国各地旅行,现代都市、乡间田园、高山、大海、草原、湖泊、沙漠都见过,还曾到边疆贫困地区的少数民族农民家里做客。因此,女儿在她的同龄人当中,算是见多识广、心胸开阔、性情活泼的。

我国民间有一句古老格言:"读万卷书,行万里路。"它形象地说明了旅游与读书一样,是汲取知识的一个重要手段。古往今来,中外知名人士都把游历山川湖海作为获取知识的一个重要途径。我国幅员辽阔,历史悠久,文化灿烂,民族众多,物产丰富,处处遍布着集考察、学习、教育于旅游之中的天然课堂。无数的名山大川,丰富的地质地貌,繁多的植物物种,变幻莫测的气象水文,悠久的历史文化遗址,热情淳朴的民族风情,还有遍布全国各地的石窟造像,藏于名山大川的古刹宝塔、精美雕刻,散见于各大风景区的摩崖石刻、书画题记,扑朔迷离的山光水色、雾海佛光,都是不同旅游爱好者寻幽探微、研摹书画、绘画摄影、陶冶心情的极好场所。

除了这无限的风光外,家庭旅游更能让每个家庭成员在游历山川中感悟人生。由于旅游引导人们走向社会、走向自然,能够全面地丰富人们的知识和阅历、开阔人的眼界和胸怀,增进人的才能和知识,是一个人事业上有所成就的一个重要因素。

家庭旅游还能增强家庭成员的体质,磨炼家庭成员的意志。它对改善家庭成员的健康状况极为重要。现代化生产虽然减轻了人们的体力消耗,但却使劳动者与大自然严重隔离,使工作变得单调枯燥,日益严重的公害加重了人们的苦恼,而到空气新鲜、气候宜人、风景优美的山林、海滨或乡村旅游,可以使困居都市的人们享受充足的阳光、洁净的空气和大自然的美景,有助于人的新陈代谢,使人恢复体力、振奋精神,因此旅游对现代家庭来说已是不可缺少的保健措施之一了。

当然,家庭旅游还需要精打细算,制定合理的旅游开支。家庭可以轻松负担的旅游才是明智的旅游,所以省内、国内的旅游在现阶段还是绝大多数中国家庭的首选。家庭旅游还需要周密安排,追求不同体验的同时,仍要注意安全第一。

家庭旅游远远超出了闲情逸致的消遣,已经成为一种高雅的文化活动,是家庭成员热爱生活、热爱事业的象征。旅行带给家庭的好处远比休闲娱乐或观光游览来得多,全家旅行对家中每个成员有不同的重要影响。分享旅游的苦乐能够产生真实的亲密感,也是分享一次奇妙的探索或令人难忘的经验,这些都让家人之间更了解彼此的个性,促进家庭成员间的融合,这种融合感将是家庭成长和健全运作的长久动力。

附 录

关于家庭的名人名言

幸福的家庭都是相似的,不幸的家庭各有各的不幸。

——[俄国]列夫·托尔斯泰 作家

和睦的家庭空气是世上的一种花朵,没有东西比它更温柔,没有东西比它更优美,没有东西比它更适宜于把一家人的天性培养得坚强、正直。

——[美国]德莱塞 作家

家是世界上唯一隐藏人类缺点与失败的地方,它同时隐藏着甜蜜的爱。

——[英国]萧伯纳 作家

家庭是学习举止礼貌的好场所。如果你的孩子成人后有良好的举止,这会使他们生活更加惬意舒适。

——[意大利]索菲娅·罗兰 演员

在子女面前,父母不得不隐藏他们的各种快乐、烦恼与恐惧。他们的快乐无须说,而他们的烦恼与恐惧则不能说。子女使他们的劳苦变甜,但也使他们的不幸更苦。子女增加了他们生活的负担,但却减轻了他们对于死亡的忧惧。

——[英国]培根 哲学家

幸福家庭是培育孩子长成的温床，家庭生活的乐趣是抵抗坏风气毒害的最好良剂。

——[法国]卢梭 思想家

父亲应以道理和期望来引导孩子，应是忍耐和宽容，而不是威胁和独裁，应让正在成长的孩子感到自主权限的日益增加，并最终允许他成为自己的主人而与父亲的权威相分离。

——[美国]弗洛姆 心理学家

父母对于子女，应该健全的产生，尽力的教育，完全的解放。

——[中国]鲁迅 作家

夫妻间平等相待，是制造幸福家庭的基础。在一个家庭里，无论男尊女卑，还是女尊男卑都不可能有夫妻关系的和谐与美满。

——[中国]廖沫沙 作家

凡是疼爱孩子的父母都应当约束自己的言谈举止，以使他们的孩子获得幸福和健康成长的最好机会。有时这需要父母具有极大的自我克制力，而且无疑要求父母认识到孩子的权利远在他们自己的感情之上。

——[英国]罗素 哲学家

治家严，家乃和；居乡恕，乡乃睦。

——[中国·清代]王豫 诗人

兄爱而友，弟敬而顺。

——《左传·昭公二十六年》